ELOGIOS PARA ¡LOS HIJOS NO TIENEN QUE SER PERFECTOS!

¡Los hijos no tienen que ser perfectos! brind⌐ genuina y recomendaciones prácticas para los de los hijos. Los míos ya son mayores, y aun así ⌐ de mejorar mis habilidades como madre. Savage ⌐zón: es fundamental amar a los hijos "tal como son". Juntas ⌐stran por qué, cómo y qué hacer (y qué no hacer). Una excelente lectura, una excelente guía.

—**LIZ CURTIS HIGGS**, autora del éxito de ventas ¡No somos ángeles!: *Breve guía de supervivencia para mujeres de carne y hueso*

¡Los hijos no tienen que ser perfectos! es uno de esos libros raros y de lectura obligatoria que todos los padres deben consultar una y otra vez. Nos equipa y nos anima bellamente. En términos sencillos, aplicar estos principios será uno de los regalos más poderosos y vivificantes que pueden ofrecer a sus hijos.

—**BRENNAN DEAN**, presidente *Great Homeschool Conventions, Inc.*

¡Increíble! El mensaje del libro de Jill y Kathy puede liberar a todos los padres de esas expectativas sutiles y poco realistas que a veces nos imponemos a nosotros mismos y a nuestros hijos. Este libro práctico y de fácil lectura nos da la esperanza y las herramientas para alcanzar el premio máximo: que nuestros hijos lleguen a ser los individuos únicos e irrepetibles que Dios quiere que sean. Como investigadora social he hablado con suficientes niños para decir a los padres sin temor a equivocarme: "¡A sus hijos les encantará que lean este libro!".

—**SHAUNTI FELDHAHN**, investigadora social, oradora, y autora de los éxitos de ventas *Solo para mujeres* y *Solo para padres*

Para muchos cristianos, la idea de que todos hemos sido creados a imagen de Dios es nada más eso: una idea. ¿Cómo sería vivirlo como si fuera verdad? ¿Cómo sería criar a nuestros hijos como si esto fuera verdad acerca de ellos? De eso se trata este libro. En ¡Los hijos no tienen que ser perfectos!, Jill Savage y Kathy Koch explican, ilustran y arrojan luz sobre lo que significa criar hijos con la convicción de que son hechos a imagen de Dios. Mejor aún, el libro abunda en consejos prácticos increíbles que pueden aplicarse de inmediato. Yo soy padre, y realmente necesitaba este libro.

—JOHN STONESTREET, orador y miembro del *Colson Center for Christian Worldview* y presentador de *BreakPoint Radio*

¡Los hijos no tienen que ser perfectos! ofrece a los padres una verdad contracultural que es preciso entender y abrazar. Se nos ha confiado a nuestros hijos y gastamos mucho tiempo buscando con tenacidad la "perfección" cuando deberíamos afirmar el diseño único de Dios para nuestros hijos. Jill Savage y Kathy Koch han lanzado un llamado urgente que los padres han necesitado desde hace mucho tiempo: ¡Los hijos no tienen que ser perfectos!

—TRACEY EYSTER, fundadora y directora ejecutiva de *FamilyLife's Mom Today* y autora de *Be the Mom*

¡LOS HIJOS NO TIENEN QUE SER PERFECTOS!

Libros de Jill Savage publicados por Portavoz

¡Los hijos no tienen que ser perfectos!

¡Las mamás no tienen que ser perfectas!

¡LOS HIJOS NO TIENEN QUE SER PERFECTOS!

Ama a tus hijos tal como son

JILL SAVAGE & KATHY KOCH, PhD

EDITORIAL
PORTAVOZ

La misión de *Editorial Portavoz* consiste en proporcionar productos de calidad —con integridad y excelencia—, desde una perspectiva bíblica y confiable, que animen a las personas a conocer y servir a Jesucristo.

Título del original: *No More Perfect Kids*, © 2014 por Jill Savage y Kathy Koch y publicado por Moody Publishers, 820 N. LaSalle Boulevard, Chicago, IL 60610. Traducido con permiso.

Edición en castellano: ¡Los hijos no tienen que ser perfectos!, © 2015 por Editorial Portavoz, filial de Kregel Publications, Grand Rapids, Michigan 49505. Todos los derechos reservados.

Traducción: Nohra Bernal

EDITORIAL PORTAVOZ
2450 Oak Industrial Drive NE
Grand Rapids, MI 49505 USA
Visítenos en: www.portavoz.com

ISBN 978-0-8254-5657-2 (rústica)
ISBN 978-0-8254-6490-4 (Kindle)
ISBN 978-0-8254-8638-8 (epub)

1 2 3 4 5 edición / año 24 23 22 21 20 19 18 17 16 15

Impreso en los Estados Unidos de América
Printed in the United States of America

Dedicamos este libro a nuestros padres,
Duane y Patsy Fleener y
Don y Arlene Koch,
porque siempre estuvieron presentes.
Estamos agradecidos por lo que invirtieron en nosotros
y por dar prioridad a su papel como padres.
Cada uno de nosotros llegó a ser lo que Dios dispuso
que fuéramos gracias a su amor y su apoyo.

CONTENIDO

Prefacio

Una vez conocí a un joven que terminó sus estudios en la facultad de medicina y luego decidió que no quería ser médico. Él dijo: "Fui a la facultad de medicina para complacer a mi padre. Nunca fue realmente lo que yo quise hacer. Ahora que mi padre ha muerto, quiero buscar mis propios sueños". Muchas veces me he preguntado cuántos jóvenes y jovencitas persiguen los sueños de sus padres en lugar de los propios.

Como padres, todos queremos ver triunfar a nuestros hijos. Sin embargo, nuestras ideas de éxito pueden no estar en sintonía con las habilidades y los intereses de nuestros hijos. No todo joven está llamado a ser piloto de combate o jugador de baloncesto. No toda jovencita está llamada a ser médico o abogada. Sin embargo, cada niño está dotado para afectar positivamente la sociedad. Nuestro papel como padres es ayudar a nuestros hijos a descubrir y a desarrollar esas habilidades.

No siempre usamos la palabra *perfecto*, pero la mayoría de los padres tiene una visión de lo que ellos desean que sus hijos logren. Esa visión puede incluir una imagen del niño perfecto. Pero a menos que estemos dispuestos a renunciar a nuestras ideas de perfección y pongamos a nuestros hijos en las manos de un Dios amoroso que los ha creado para sus propósitos, podemos ser padres muy frustrados. Por otro lado, nos convertimos en padres exitosos cuando procuramos cooperar con Dios y ayudar a nuestros hijos a descubrir sus habilidades innatas y a desarrollarse física, intelectual, emocional y espiritualmente a fin de que lleguen a ser las personas que Dios tuvo en mente desde el principio.

¡Los hijos no tienen que ser perfectos! está diseñado para ayudarles a convertirse en padres exitosos. Jill Savage y la doctora Kathy Koch aportan al tema sus propias perspectivas y experiencias que son únicas. Creo que se identificarán con las experiencias personales de Jill, madre de cinco, a medida que ella revela sus propias luchas para evitar la perfección. Creo que también les gustará leer las experiencias que otros hijos y padres han comunicado a Kathy a lo largo de los años en sus seminarios y presentaciones. La experiencia de Kathy sobre la forma en que los niños aprenden, junto con la experiencia práctica de Jill, las convierte en el equipo perfecto para escribir acerca del tema del desarrollo infantil.

Creo que este libro ayudará a los padres a procesar sus sentimientos de desilusión cuando sus hijos no se desarrollan física, intelectual, emocional y espiritualmente como ellos habían esperado. Por otro lado, guiará a los padres a desarrollar acercamientos positivos para ayudar a sus hijos a lograr el potencial único que cada niño posee.

Cuando renunciamos a la idea de ser padres perfectos y de tener hijos perfectos, es mucho más probable que nos convirtamos en *buenos* padres que logran criar hijos *sanos*. Cuando esto sucede, ustedes tendrán la gran satisfacción de saber que han cooperado con Dios para lograr que sus hijos alcancen el potencial que Él les ha dado. Pocas cosas son tan satisfactorias en la vida como el sentimiento de haber triunfado como padres.

GARY CHAPMAN, PhD
Autor de *Los 5 lenguajes del amor de los hijos*

Introducción

Cuando estabas esperando al bebé o en el proceso de adopción, ¿cómo te imaginabas que iba a ser tu hijo? ¿Te imaginabas un niño? ¿Esperabas que fuera una niña? ¿Le gustarán los deportes? ¿Tocará el piano? Te des o no cuenta, antes de la llegada del nuevo miembro de tu familia, tú ya tenías un vínculo con tu hijo imaginario.

Cuando al fin nació el hijo, el imaginario no desapareció. El hijo real hizo su aparición, y tú empezaste a lidiar con la brecha entre el hijo imaginario y el hijo real. Este no es un desafío de solución rápida y sencilla; es algo que continúa a lo largo de la infancia y los años de adolescencia cuando nos vemos cara a cara con nuestros hijos reales, que con frecuencia no se parecen en nada a nuestros hijos imaginarios. A veces incluso nos cuesta *conocer* a nuestros hijos reales, porque nuestros corazones siguen aferrados a los hijos imaginarios.

Cada padre y cada madre abriga esperanzas y sueños secretos para su hijo. A veces somos conscientes de esos sueños, y a veces están tan escondidos en lo profundo de nuestro interior que solo salen a la superficie cuando la burbuja de expectativas estalla en pedazos. Cuanto antes seamos conscientes de nuestras expectativas y las ajustemos a la realidad, mejor será para nosotros y para nuestros

....

hijos. Esto es en gran parte lo que les ayudaremos a lograr en las páginas de este libro.

Todos los hijos merecen ser reconocidos por lo que son. Cuando podemos identificar las características únicas de cada uno de nuestros hijos, resistiendo el impulso de compararlos con nosotros, con sus hermanos o con otros niños, les brindamos la libertad para ser todo aquello para lo cual han sido creados. Dar a nuestros hijos la libertad de ser ellos mismos es uno de los mejores regalos que podemos ofrecerles. Todos los niños merecen ser reconocidos por lo que son.

Cuando los padres renuncian a sus expectativas, liberan a sus hijos para alcanzar su máximo potencial.

En las páginas de este libro exploraremos algo que denominamos la infección de la perfección, y cómo esta afecta nuestra crianza de los hijos. Analizaremos el peligro de las falsas expectativas y la seguridad y la paz que gozan los hijos cuyos padres tienen expectativas realistas. Luego conectaremos nuestras esperanzas y sueños con las preguntas esenciales que se formulan los hijos en el fondo de su corazón: *¿Soy de tu agrado? ¿Soy importante para ti? ¿Está bien si soy único? ¿Quién soy? ¿Soy un fracaso? ¿Cuál es mi propósito? ¿Me ayudas a cambiar?*

Estas preguntas son las mismas que nosotros mismos nos formulamos siendo niños. Las respuestas a las que llegamos salieron de nuestra relación con nuestros padres y nos acompañan hasta el presente. Para algunos, nuestras conclusiones han sido útiles. Sabemos que somos amados, no necesitamos agradar a otros, y sabemos para qué servimos y para qué no somos buenos en absoluto. Sin embargo, otros seguimos lidiando con calificativos, la necesidad de agradar a otros y un sentimiento de fracaso aun en la edad adulta.

Un hijo que cuenta con unos padres que le dan importancia a estas preguntas esenciales de la identidad cuenta con una ventaja en el mundo. Cuando los padres renuncian a sus expectativas, liberan a sus hijos para alcanzar su máximo potencial. ¡Esperamos poder ayudarte a lograrlo!

A fin de que el libro te resulte más útil, hemos incluido algunos apéndices. En la crianza de los hijos, no se trata de "esperar lo mejor". Se trata de que, como padres, nos propongamos ofrecer la dirección e instrucción que necesitan nuestros hijos para que logren funcionar bien en este mundo. Con ese fin, en el sitio web de ¡Los hijos no tienen que ser perfectos! (www.NoMorePerfect. com), encontrarás actividades específicas que puedes realizar con tus hijos a fin de poner en práctica las verdades de este libro (recursos disponibles solo en inglés).

Este libro es el primero de Hearts at Home diseñado tanto para madres como para padres. No te desanimes si tu pareja no es un buen lector; ¡comunícale lo que aprendes a lo largo del camino! No obstante, si ambos deciden leer el libro, esperamos que esto estimule el diálogo entre ustedes. Hay mucho qué reflexionar en lo que respecta a la dirección de nuestros hijos.

Este libro es un esfuerzo de dos autoras, y nos gustaría presentarnos:

JILL PRESENTA A KATHY

La doctora Kathy Koch es una de las oradoras más queridas en las conferencias de Hearts at Home para madres. Lo que he visto es que cuando la doctora Kathy habla, ¡las mamás escuchan! ¡Yo me incluyo! En su trabajo a través de Celebrate Kids, Inc., la doctora Kathy ha investigado a fondo los corazones de los hijos para entender lo que realmente necesitan, sus luchas, y cómo los padres pueden ayudarles a vivir lo que son. La doctora Kathy ha consagrado su vida profesional a ayudar a los padres a ser los mejores padres que pueden ser. Sus talleres en las conferencias de Hearts at Home se llenan de asistentes que toman nota de cada palabra cuando ella comunica su sabiduría maravillosa en su estilo encantador. La doctora Kathy vive en Texas, donde dirige Celebrate Kids, Inc., una organización sin ánimo de lucro dedicada a ayudar a los padres, educadores e hijos de todas las edades a satisfacer de forma constructiva sus necesidades esenciales de seguridad, identidad, pertenencia, propósito y competencia. El aporte de la doctora Kathy a este libro es el mensaje central de ayudar a los padres a conocer y a entender a sus hijos como seres únicos.

LA DOCTORA KATHY PRESENTA A JILL

Encontré por primera vez a Jill en la conferencia Hearts at Home de 2011 en Illinois, donde ella reside. De inmediato me identifiqué con su pasión por el ministerio para madres e hijos que fundó en 1994 con el fin de animar, educar y capacitar a las madres en cada etapa de la crianza. Ella valora a las madres, ha vivido con su esposo Mark las dichas y los sufrimientos de la crianza de los hijos, y es la embajadora perfecta de la maternidad. Al dar prioridad a su relación con Dios, su esposo, sus hijos y sus nietos, ella ha bendecido a miles de madres con su enseñanza bien fundamentada y su sinceridad que revela su vulnerabilidad. Tal vez ella, más que cualquier persona que conozco, logra contar las historias sin adornarlas ni mitigar el dolor al tiempo que honra a sus protagonistas. Jill nos recuerda que las relaciones exigen mucho trabajo, pero valen cada lágrima. Ella es ejemplo de los beneficios de avanzar paso a paso y confiar en que mañana es un nuevo día. Verla nos inspira a saber que podemos crecer y que Dios puede honrar las oraciones y el clamor del corazón de sus seguidores fieles. Sus ejemplos y anécdotas dan vida a mis ideas. Sus sugerencias serán una bendición para ustedes. Es un honor para mí trabajar con ella, y me alegra mucho que nos acompañen.

• • • •

Para facilitar la lectura, escribiremos como una sola voz, la de Jill. Todos los pronombres se referirán a Jill. El nombre de la doctora

. . . .

Kathy aparecerá en sus ejemplos e historias. El mensaje de ¡Los hijos no tienen que ser perfectos! es una combinación de nuestro anhelo común de animar a los padres y de ser una voz para los hijos. Voltea la página y estudia con nosotras. Vamos a explorar lo que sucede al interior de la mente y el corazón de un hijo. También veremos cómo los padres podemos amar a nuestros hijos tal como son y ayudarles a ser todo lo que Dios ha planeado para ellos.

CAPÍTULO 1

¡LOS HIJOS NO TIENEN QUE SER *perfectos*!

Me quedé junto a la puerta de la habitación de mi hija mayor de seis meses, oyendo su llanto. La había cambiado. La había arrullado. La había alimentado. Nada la calmaba. Al fin, para no perder mi cordura a las 3 de la mañana, decidí que tenía que ponerla en su cama y dejarla llorar un rato. El hijo de mi mejor amiga durmió la noche entera apenas a los dos meses. *Mi preciosa niña, ¿por qué no puedes dormir como duerme el bebé de mi amiga?* Era mamá por primera vez, y ya mis expectativas para mi primer hijo se enredaban con comparaciones y desilusiones. Soñaba con abrazar a mi adorada bebé, no con estar de pie junto a la puerta de su habitación, agotada, llorando de frustración junto con ella.

Me encontraba sentada detrás de la línea de banda de un campo de fútbol —yo, la mamá que no tiene idea de deportes—, tratando de descifrar cuál era la forma de animar a mi hijo aficionado al fútbol. Hubiera preferido estar sentada junto a él en un banco de piano que al lado de un campo de fútbol. *Estoy tratando de entender el juego y estar ahí par apoyarte. Sé paciente conmigo, querido hijo.*

....

Mis expectativas volvían a asomar: soñaba con un hijo que tocara el piano, no con el jugador sudoroso y despeinado que corría por un campo de fútbol. Trataba de conectar con mi hija de doce años. A mi tercer hija le gusta el diseño de modas. Le encantaba ir de compras, no tanto con la intención de comprar sino más bien de ver cómo estaban diseñadas y confeccionadas las prendas. Yo, por otro lado, detesto ir de compras y no tengo un solo gramo de interés en el "diseño de modas". Si pudiera, preferiría pagarle a alguien que hiciera las compras por mí. ¿Cómo terminó esta mamá que no tiene idea de *moda con una hija interesada en la moda?* Nunca imaginé que una amante de la moda pudiera nacer de una madre que no podría ser más indiferente al buen vestir.

El hijo número cuatro, que estaba en la secundaria, preguntó: "Mamá, ¿me ayudas a estudiar para un examen?". Tomé la guía de estudio de sus manos, crucé la habitación para sentarme en un sillón reclinable. Cuando me di vuelta, vi a mi hijo de trece años al revés, en otro sillón reclinable, al otro lado de la habitación. Su cabeza estaba en el asiento y sus pies colgaban del espaldar del sillón. Me refrené para no corregirlo. Él respondió todas las preguntas correctamente, al revés y todo. *Señor, ayúdame a ver a mi hijo con tus ojos. Él es único, irrepetible y mucho más que la etiqueta de Trastorno de Déficit de Atención con Hiperactividad que lleva.* Nunca soñé tener un hijo con problemas de atención.

Esperábamos que todo fuera perfecto... Entonces tuvimos hijos.

Me encontraba visitando a mi quinto hijo en su primera de múltiples hospitalizaciones por cuestiones de salud mental. Hacía diez años, Dios había movido cielo y tierra para traer a nuestro hijo desde un orfanato en Rusia hasta nuestra amorosa familia en medio de los campos de maíz de Illinois. Él se adaptó bien durante los primeros años de su adopción, pero al entrar en los últimos años de adolescencia surgieron en nuestro hogar problemas de identidad, desórdenes de apego y personalidad, depresión y otros. *Esta no fue la vida que había imaginado para ti cuando atravesamos el océano para traerte a casa.* Nunca estuvo en mis sueños que una familia amorosa sufriera la agonía de una enfermedad mental.

A todos los padres nos sucede. Antes de tener los hijos, soñamos cómo sería nuestra familia. Pensamos en la manera como los miembros de nuestra familia interactuarían entre sí. Contemplamos todos los logros que alcanzarían nuestros hijos. Decidimos en nuestra mente quiénes serían nuestros hijos. Imaginamos lo que harían. Anticipamos lo que harían juntos, cada uno por su lado y como familia. Esperábamos que todo fuera perfecto.

Entonces tuvimos hijos.

Ser padres es más difícil de lo que parece. Aun si nuestras vidas, nuestras familias y nuestros hijos fueran como los imaginamos, surgen desafíos en cada esquina. Las etapas de desarrollo nos resultan desconocidas y, en ocasiones, exasperantes. Le decimos a un hijo que "actúe conforme a su edad" ¡y luego nos damos cuenta de que realmente lo hace!

Para algunos, nuestros hijos no son en absoluto como los imaginamos. Su temperamento es una combinación de papá y mamá, y no sabemos cómo manejar eso. A medida que crecen nos damos cuenta de que no tienen los intereses que pensamos que tendrían o que deseábamos que tuvieran. Sus talentos son diferentes de los nuestros. No les gustan las mismas cosas que a nosotros. Tienen luchas que no comprendemos. No toman las decisiones que nosotros tomaríamos. ¡A veces no toman una sola buena decisión!

Algunos quizá luchamos con disparidades aún más grandes con nuestra visión, como tener un hijo con un problema médico, una incapacidad mental o física, o retraso en el desarrollo. Quienes recorren ese camino son personas que pensaban que irían a vivir a Italia, pero en lugar de eso terminaron en Holanda. Un lugar también hermoso, pero muy diferente de lo que esperaban.

....

La mayoría tenemos expectativas para cada hijo. Esperamos que crezcan y aprendan. Esperamos que hagan su mejor esfuerzo. Esperamos que se comporten bien y sean responsables. Esperamos que asimilen bien la vida. Esperamos que actúen conforme a su edad, ¡pero a veces olvidamos o sencillamente no tenemos idea de lo que es normal para un niño de su edad! (¿Y cuán realista es esta meta si nosotros mismos debemos admitir que no siempre actuamos conforme a nuestra edad?)

Enfrentémoslo: la vida no siempre se ve como la imaginamos. Queríamos un hijo, ¡pero no sabíamos que esto supondría noches sin dormir durante doce meses o más! Queríamos jugar en el patio a atrapar la pelota, pero el pequeño Pedro prefiere tocar piano en la sala. Anhelábamos un hijo al que le gustara aprender, y terminamos en conferencias para padres que tratan de entender por qué Susana falla en sus clases. Imaginábamos risa y amor y pasamos por alto el hecho de que también las lágrimas, las pataletas y los conflictos serían parte del paquete. Amamos a nuestros hijos con todo nuestro corazón, pero no siempre sabemos qué hacer cuando nuestras expectativas no coinciden con la realidad. ¿Qué podemos hacer cuando nuestras expectativas no coinciden con la realidad?

Con el tiempo, pensamientos como estos pueden cruzarse por nuestra mente: *Desearía que fuera más como su hermano,* o *Nunca pensé que tendría un hijo que quisiera quedarse en casa y leer después de la escuela en lugar de participar en actividades extracurriculares,* o *Desearía que mi pequeño cumpliera un horario de siesta.*

Cuando estamos decepcionados, frustrados, confundidos o incluso desilusionados, es natural tener estos pensamientos. Sin embargo, cuando pasamos demasiado tiempo pensando o deseando que alguien sea diferente, podemos abrigar frustración y desánimo por decir lo menos, y en el peor de los casos, críticas, quejas y rechazo.

En algún momento, cada uno de los padres debe enfrentar la decisión de abandonar la fantasía y abrazar la realidad. *Este es el*

………

hijo real. Estas son las circunstancias reales de mi vida. Estas son las aguas desconocidas que debo navegar. ¿Cómo puedo guiar y orientar a un hijo que a veces no comprendo? ¿Cómo puedo amar al bebé, al niño, al adolescente o al joven adulto que tengo frente a mí y no desear que fuera otro? ¿Cómo puedo deleitarme en la forma como ha sido creado aunque sea diferente a como lo imaginé? ¿Cómo inspiro y animo a mi hijo sin esperar perfección *de su parte?* ¿Cómo puedo *alegrarme con su progreso y mantener a raya las falsas expectativas?*

Estas son las preguntas que responderemos en las páginas que vienen. Nuestros hijos son regalos únicos de Dios que merecen ser motivo de gozo. Han sido diseñados por su Creador para contribuir a este mundo en forma singular. Tienen un valor presente y un potencial que solo espera ser liberado. La clave para nosotros es ver ese potencial en ellos en los días buenos y también en los malos.

¡Emprendamos este viaje de descubrimiento para recibir con brazos abiertos a nuestros hijos tal como son y para reconocer la creación única que son!

¿DÓNDE EMPIEZA TODO?

Al entrar en la habitación, te sorprendes al ver a tu hijo de pie. Te das cuenta de que se trata de un gran logro en su vida.

En ese momento no gritas: "Siéntate. ¡Podrías lastimarte!". En lugar de eso, pides que alguien traiga la cámara de vídeo mientras tú te alistas. Tú esperas que haya progreso, y se lo demuestras a tu hijo por medio de tu lenguaje y comportamiento.

Tomas posición con tus pies atrás y tus brazos extendidos, y con una gran sonrisa hablas en tono de voz alentador. Con los ojos en la meta, le comunicas: "Ven a mamá".

Buscamos progreso, no perfección.

Un paso. Luego otro. Una caída. Un segundo intento parecerá una salida en falso. En los días siguientes habrá tropiezos. Intentos. Pasos a medias. Caídas.

Sin embargo, no hay "errores". Nunca diríamos que nuestro hijo cometió un error al tratar de caminar, aun si se cae en el décimo intento. Antes bien, anunciamos cada uno de sus intentos. Llamamos a nuestros padres, hermanos, y amigos e incluso tal vez lo publicamos en Facebook: "¡Jaime trató de caminar hoy!". Esa es nuestra actitud porque buscamos progreso, no perfección. Crecimiento, no conclusión.

Sabemos que caminar sin error es la meta. Es posible, pero solo si es el destino. La perfección no puede ser el camino. El camino debe construirse sobre la fe en las posibilidades y en la expectativa de lo bueno, lo mejor y lo máximo al final.

Tal vez hayas notado que los niños no gatean por mucho tiempo. Se impulsan para estar de pie, caminan con algún apoyo, luego caminan solos, saltan, trotan y, al final, corren. Cuando caen haciendo alguna de estas cosas, casi siempre se ponen de pie solos y lo siguen intentando a menos que reaccionemos como si fuera algo preocupante. Si emitimos un grito ahogado, los miramos asustados, corremos hacia ellos y preguntamos si están bien, seguramente provocaremos lágrimas aun si no han sufrido en la caída. Nuestros hijos imitan a menudo nuestras reacciones.

Su meta de caminar se logra y se celebra. Tal vez tú esperabas alcanzar "tu meta". Pero caminar es también la meta de ellos. Esa es otra razón por la cual los niños no se quedan gateando. Desde pequeños, anhelan progresar. Cuando veo a mi nieta de diez meses impulsarse y caminar sujetada a los muebles, me doy cuenta de que no difiere mucho de mis hijos adolescentes que todavía están en casa y buscan progresar en términos de independencia.

¿Qué pasaría si a lo largo de sus años de crecimiento, tuviéramos la actitud de: "Ven a mamá"? ¿Cómo cambiaría todo si pudiéramos ver progreso aun al nivel más insignificante en nuestro hijo en edad preescolar, escolar, o en nuestro adolescente o joven adulto? ¿Qué pasaría si esperáramos tropiezos en el camino y no pensáramos que

....

tropezar es un error? ¿Qué pasaría si nos pusiéramos a un metro de distancia de ellos y no a tres? ¿Qué pasaría si extendiéramos nuestros brazos hacia nuestros hijos en lugar de tenerlos cruzados? ¿Qué pasaría si sonriéramos en lugar de fruncir el entrecejo? ¿Qué pasaría si usáramos un tono de voz alentador y optimista, pidiéramos algo que nuestros hijos quieren hacer y no exigencias que están fuera de su alcance?

¿Qué pasaría si nuestros hijos tuvieran un sistema de creencias de "ven a mamá"? *Yo puedo lograr lo que mis padres me piden. Los intentos no son un fracaso, sino parte de la vida. Puedo levantarme y volver a intentarlo. La perfección puede que nunca se logre ni sea necesaria siquiera porque sé que mis padres se alegrarán con mi progreso.*

Si queremos que esto suceda, tal vez tengamos que hacer algunos ajustes en la manera en que pensamos y reaccionamos. Esta clase de afirmación motivadora puede ser ajena a nuestra experiencia personal cuando fuimos niños, así que tendremos que aprender algo nuevo y festejar nuestro propio progreso sobre la marcha. Como padres, tenemos un poder increíble sobre la manera en que nuestros hijos se sienten consigo mismos y en relación con nosotros.

EL PODER DE LAS EXPECTATIVAS

Sabemos que las cosas en exceso, por buenas que sean, pueden ser malas: demasiado helado, demasiada ropa para lavar, demasiadas llamadas telefónicas, demasiadas hojas para rastrillar, y expectativas demasiado elevadas.

La mayoría de los padres empezamos la crianza con expectativas elevadas para nuestros hijos, porque los amamos y queremos lo mejor para ellos. Si nuestros hijos cumplen con ellas, creamos unas nuevas que son aún más elevadas. Después de todo, han demostrado que son capaces y no queremos que dejen de crecer o de aprender. Todo parece muy inocente... al principio.

Sin embargo, esto puede empezar una escalada. Si siempre estamos fijando expectativas cada vez más altas, nuestros hijos pueden pensar que nunca estaremos satisfechos. Justo cuando logran algo, y piensan que estaremos contentos y que pueden descansar, les anunciamos algo nuevo que se espera de ellos. Cuando no reconocemos que han cumplido nuestras expectativas, fácilmente dan por sentado que no estamos satisfechos.

¿Qué pasaría si extendiéramos nuestros brazos hacia nuestros hijos en lugar de tenerlos cruzados?

Cuando preguntas a niños de todas las edades por qué creen que sus padres esperan perfección, ellos responden fácilmente. Algunas de las respuestas son: "Ellos me dijeron que debía mejorar. Estuve de acuerdo en que podía hacerlo mejor. Lo hice. Obtuve una mejor calificación. Ellos no dijeron 'bien hecho' o 'gracias'. Solo dijeron: '¡Puedes hacerlo mejor!'".

En su investigación en Celebrate Kids, la doctora Kathy señala que algunos niños añaden más comentarios. Algunos simplemente concluyen: "Nunca puedo agradar a mis padres". Esa es una conclusión peligrosa a la que llegan los hijos, porque puede llevarlos a dejar de intentarlo. Tal vez ya no les importe lo que se espera de ellos. Quizá ya no crean en nosotros cuando decimos: "Solo queremos que hagas tu mejor esfuerzo". Algunos nos dicen que evitan mejorar deliberadamente por la presión que viene después. Otros niños nos dicen que están enojados porque se sienten engañados. Un muchacho de secundaria confesó a la doctora Kathy: "Si lo que mi papá quería era un puntaje perfecto, desearía nada más que me lo hubiera dicho".

Cuando nuestros hijos hacen un trabajo que no es excelente, no queremos que se acostumbren a hacer trabajos mediocres o a cometer los mismos errores, así que manifestamos nuestra preocupación, insatisfacción o decepción. Sin embargo, dependiendo de cómo reaccionamos a su trabajo, los hijos pueden malinterpretar nuestras inquietudes. Pueden creer que nunca estaremos satisfechos y que lo que buscamos es la perfección. Tal vez no logren separar su trabajo de su identidad personal, y creen que ellos son lo que hacen. *Si a papá no le agrada mi trabajo, yo tampoco le agrado.* Fijar expectativas justas y apropiadas es clave para la crianza exitosa. Esto nos exige conocer a nuestros hijos, conocerlos realmente. Si nuestras metas son demasiado bajas, los hijos no lograrán tanto como podrían. Si son demasiado elevadas, los hijos pueden sentirse frustrados y darse por vencidos. En cualquier caso, podrían no alcanzar lo que son capaces de hacer. Fijar expectativas apropiadas nos exige conocer *realmente* a nuestros hijos.

Así como Ricitos de Oro buscaba una silla, un desayuno y una cama "a su medida", los padres debemos buscar expectativas que estén "a la medida" de cada hijo. Al igual que Ricitos de Oro, tenemos que probarlas. ¿Cómo responde nuestro hijo mayor a esta expectativa? ¿Cómo responde nuestro hijo menor a esta otra? ¿Cómo puedo explicarla mejor para que él la entienda? Por medio de una observación atenta y detallada en los intentos de prueba y error, debemos ser capaces de ajustar las expectativas "a la medida". Que no sean demasiado fáciles ni demasiado difíciles. Deben ser un desafío sin ser una frustración. Deben ser posibles de alcanzar con esfuerzo. Personalizadas. No un modelo de "talla única".

¿Cuál es una actitud más sana que esperar la perfección? No se trata, por cierto, de esperar un sinnúmero de errores y fracasos. Más bien es esperar que los hijos usen toda su capacidad y sus actitudes para convertirse en aquello para lo cual han sido creados. Queremos que se conviertan plenamente en lo que son.

Nos arriesgamos a lastimar seriamente a nuestros hijos cuando esperamos que sean lo que no son. Esperar que nos den lo que no pueden dar no funciona. Tal vez hayas leído la ingeniosa historia que explica bien esto con animales. Por ejemplo, los conejos son buenos para saltar. Si tratáramos de enseñarles a volar e incluso los calificáramos según su habilidad, reprobarían. Y, al usar toda su energía para aprender a volar, los conejos podrían perder, desestimar o dejar de usar su capacidad para saltar. Saltar podría ya no procurarles ninguna satisfacción.

Si una niña es tan genial para la música que es capaz de memorizar rápido e interpretar bellamente obras de piano complejas, eso es lo que debería hacer. Escoger música más simple o contentarse con menos que interpretaciones estelares sería un error. Esto no honraría al Creador porque estaría desestimando la forma como fue creada.

Sin embargo, esperar que esta misma niña obtenga siempre las mejores calificaciones en las clases de matemáticas puede ser injusto. No es correcto dar por sentado que al hacer algo bien (memorizar música), tenga la obligación de hacer otra bien (memorizar datos matemáticos). Antes bien, debemos buscar y usar evidencias en el momento de fijar metas y expectativas para nuestros hijos. Cuando los hijos perciben que desechamos la evidencia de lo fácil o difícil que es una actividad, se desaniman.

Un niño de sexto grado entró por la puerta, feliz de empezar al fin su escuela secundaria. Sin embargo, su dicha se desvaneció de inmediato cuando oyó a su padre decir antes de despedirse: "Vas a tener un año fabuloso en matemáticas". Ese día más tarde, este niño le preguntó con enojo a la doctora Kathy: "No sé lo que hace pensar a mi papá que en el verano de repente me he vuelto bueno en matemáticas. Pero nada pasó. ¿Por qué no puede aceptar el hecho de que las matemáticas son difíciles para mí?".

EL PODER DE LAS QUEJAS Y LAS COMPARACIONES

Tener expectativas poco realistas o elevarlas constantemente no es lo único que lleva a nuestros hijos a la conclusión de que esperamos que sean perfectos. Si nunca estamos contentos con nosotros mismos y ellos oyen nuestras quejas y comparaciones, también pueden

....

formarse una idea equivocada. ¿Qué *te* han oído decir recientemente?

"Nuestra cocina es demasiado pequeña. ¡No puedo vivir así!".

"¡Este tráfico es horrible! Debí tomar otra vía".

"Miren todas esas malezas. Nuestro césped es el peor de la cuadra".

Con razón los hijos piensan que es difícil complacernos y nada es lo bastante bueno. En la crianza de los hijos, la mayoría de cosas se asimilan. Tenemos que preguntarnos: "¿Qué están 'asimilando' mis hijos de lo que yo hago?".

La insatisfacción constante crea una existencia lamentable. Ya es bastante difícil para los adultos que incluso han desarrollado gran resistencia y mecanismos de defensa. Sin embargo, es muy dañino para los hijos. Ellos nunca experimentarán el gozo y la paz que produce el contentamiento. En lugar de eso, terminarán:

Intentando, sin nunca triunfar.

Esperando, siempre desilusionados.

Al fin paralizados, sin tomar más riesgos.

Comparándose siempre.

Las críticas hieren demasiado. Los perfeccionistas tienden a ver incluso las imperfecciones más imperceptibles. Aunque eso ya es muy malo, ellos van incluso más allá. Los perfeccionistas deciden que las imperfecciones hacen de ellos o de otras personas totalmente inaceptables. Esto puede dañar su capacidad de tener relaciones saludables. Los perfeccionistas tienden a pensar que las imperfecciones son completamente inaceptables.

El contentamiento no es fácil. Quizá nunca lo ha sido, pero hoy es aún más difícil por la facilidad con la cual se compara. Siempre podemos encontrar a alguien más inteligente, capaz, apuesto, o más organizado. Con los anuncios de televisión que nos recuerdan constantemente lo que no tenemos, las revistas mostrándonos apariencias perfectas, las publicaciones, fotografías y vídeos de Pinterest y Facebook que provocan aun en adultos maduros complejos de inferioridad, no es sorprendente que sea difícil estar contento. Es fácil empezar a sentirse mal consigo mismo. No obstante, cuídate de tener esa actitud. Ya sabes que te roba el gozo, la paz y la satisfacción. Sustituye el contentamiento con preguntas, dudas y confusión. Puedes identificar esa actitud si evalúas tu vida mental. Mira si a veces piensas:

Si tuviera la cocina de ella, prepararía mejores comidas y podría atender invitados.

Desearía vivir donde no hubiera tráfico. Así podría llevar a los niños a muchos lugares divertidos.

No puedo creer lo mal que se ve nuestro césped comparado con la casa de la esquina. ¡Ni siquiera eso lo tengo bien!

Desearía tener un auto mejor. Nuestro auto viejo se ve muy mal comparado con el de nuestro vecino.

Si tuviéramos más dinero, podríamos _____.

Es pensar que lo ajeno es mejor. Cuando miramos otros horizontes y creemos que son mejores, rápidamente nos sentimos insatisfechos. Somos críticos. Podemos llegar a enojarnos.

Esta actitud de mirar otros horizontes y creer que son mejores nos lleva a pensar:

Sería feliz si…

Si mis hijos fueran mejores lectores, entonces…

Nuestros hijos se comportarían mejor si…

El contentamiento significa vivir la vida confiadamente *tal como es.* Criar a nuestros hijos *tal como son.* Cuando aceptamos nuestra vida real, a nuestros hijos reales y a nuestra pareja real, no cuestionaremos todo. No culparemos a otros. No nos preguntaremos "lo que pasaría si…". No nos criticaremos. No viviremos con la mentalidad de "si tan solo…".

Cuando podemos contentarnos con lo que tenemos, no supondremos que "esto" o "aquello" nos va a hacer más felices. No gastaremos tanto tiempo pensando que debimos comprar otra casa, casarnos con otra persona, o conformarnos con dos hijos. No gastaremos tiempo enojándonos a causa de oportunidades perdidas. No nos obsesionaremos con un comentario negativo en nuestro reporte de trabajo. No lloraremos sobre leche derramada ni perderemos de vista el aspecto positivo de las cosas porque solo buscamos la perfección.

Contentamiento significa que no nos enfocamos en lo que no tenemos, en lo que no podemos hacer, en lo que está mal con cada cosa y con todos los que nos rodean. Seremos conscientes de estas cosas, porque sabemos que la vida no puede ser perfecta, pero no nos enfocaremos en eso. Antes bien, nos enfocaremos en lo que *sí* tenemos, en lo que *sí podemos* hacer, y en lo que sí funciona en el mundo, aun en nuestro pedazo de mundo.

Contentamiento no es lo mismo estancarse.

Contentamiento y perfeccionismo no puede coexistir. El contentamiento dice que estamos satisfechos. El perfeccionismo dice que nunca lo estamos.

Nuestro contentamiento está ligado a tener expectativas realistas de nosotros mismos. Esto es posible solo cuando nos conocemos bien a nosotros mismos. Debemos ser sinceros y saber si hay fortalezas que todavía no hemos aprovechado y debilidades que consideramos permanentes y dañinas. Podemos compararnos con lo que fuimos en el pasado y no con una imagen distorsionada de quién somos o quién desearíamos ser. Resistimos el impulso de decidir si estamos bien o mal según las comparaciones con los demás.

Debemos valorar nuestras habilidades sin caer en el orgullo, y aceptar nuestras debilidades sin dejar que nos venzan. Las personas agradecidas se sienten a gusto con lo que son. Hemos aprendido a pasar por alto las señales culturales y las palabras de los "amigos" que dicen que deberíamos tener mucho más de lo que tenemos o que podríamos ser mucho más de lo que somos. Los padres agradecidos no se comparan constantemente con otros. Están más agradecidos por lo que tienen que preocupados por lo que no tienen.

....

Los adultos que están contentos consigo mismos desearán que sus hijos también lo estén. Han aprendido que contentamiento no es lo mismo que estancarse, contentarse con la mediocridad o con menos de lo que ellos son capaces. Con demasiada frecuencia, la culpa y la vergüenza pueden ir ligadas a esas decisiones. Los padres que están satisfechos con lo que son han aprendido a valorar la paz y quieren que sus hijos experimenten lo mismo. A ellos les gusta la calma que acompaña el contentamiento y anhelan que sus hijos también la conozcan. También aprecian la dicha del contentamiento y de poder enfocarse en otros, y quieren que sus hijos experimenten esas cualidades.

El contentamiento no lleva a los padres o a los hijos a conformarse con menos. ¡Todo lo contrario! El contentamiento en realidad nos permite arriesgar más. Nos esforzamos por aprender algo nuevo. Estamos más dispuestos a intentar un ascenso en el trabajo porque nuestras vidas no dependen de eso. Invitaremos personas a cenar aunque la casa no esté perfecta. Incluso podemos preparar a los invitados una nueva receta que no hemos comido antes en familia.

A los hijos que viven satisfechos y no se les ha enseñado el razonamiento del "qué pasaría si…" propio de la actitud de preferir lo que otros tienen, tendrán mayores posibilidades de convertirse en las personas que Dios ha deseado que sean. Se sentirán a gusto con lo que son y aprenderán a contentarse con sus fortalezas naturales, talentos e intereses. Los usarán, los desarrollarán, y servirán a Dios con ellos. Sus debilidades no los asustan, no los definen ni los controlan.

¿No es esto lo que tú y yo queremos para nuestros hijos? Queremos que tengan la libertad de ser ellos mismos en un mundo que los presiona para que se conformen a otro molde. Anhelamos ser sus admiradores a pesar de sus errores. Queremos que sean lo mejor que pueden ser. Queremos que sean ellos mismos, no perfectos, simplemente todo lo que pueden ser.

……….

¿Cómo lograrlo? ¿Cómo mantenerse alejado de la perfección? ¿Cómo podemos ver a nuestros hijos a través de los ojos de nuestro Creador? ¡Sigue leyendo! Hay preguntas importantes que es preciso formularse, y lecciones importantes que los padres debemos aprender.

LA HISTORIA DE CHERI

*F*ue un desastre total. Había hecho una simple pregunta. Ella lanzó su pequeño cuerpecito de cinco años en el piso. Yo me exasperé de inmediato. Alzaba la voz al tiempo que intentaba mantener la calma. Mi primer instinto fue: *¡¿Te estás burlando de mí?!* Mi segundo instinto fue que necesitaba acostar a esta criatura. Rápidamente mi pregunta se volvió una exigencia.

Después de tres hijos, un sinnúmero de pataletas, y trece años de maternidad, ¿por qué sigo permitiendo que estos berrinches me saquen de quicio?

La perfección.

Es una palabra fea.

Espero demasiado de mis hijos. Paso por alto las señales. Yo sabía que mi niña había estado afuera nadando, jugando, comiendo y riendo todo el día con los niños vecinos. Sabía que acababa de recuperarse de una infección de oído y dolor de garganta. Sabía que no había dormido bien. Sabía que estaba exhausta. Aun bajo todas esas circunstancias, esperaba que ella cooperara sin discutir.

Tan pronto me di cuenta de lo que estaba haciendo, renuncié a mi exigencia. La abracé. Ella dejó de llorar, y se logró un acuerdo. Volvimos a empezar. No soy una mamá perfecta. No tengo hijos perfectos. Nos las arreglamos con gracia y perdón, con lecciones aprendidas.

No seas demasiado duro con tus hijos. Presta atención a las señales. Perdona. Ama.[1]

---

1. Cheri Nixon, blog post "Perfection is an ugly word", 17 de julio de 2013. Usado con permiso. www.hecticsweetness.com.

CAPÍTULO 2

LA INFECCIÓN DE LA
perfección ES
INCOMPATIBLE CON
LA CRIANZA

abía nubes bajas, brisa fresca y las olas eran lo bastante fuertes para que los surfistas acérrimos se lanzaran al mar. Después de caminar un buen trecho, esperaban atrapar la ola perfecta. Nada tiene de malo que los surfistas esperen la ola perfecta. En cambio, esperar un hijo perfecto es algo muy diferente. Los hijos no van a ser perfectos. Son imperfectos. Son niños, así que cometerán errores y, de hecho, esa es la manera en que aprenden y progresan.

Rara vez los hijos eligen buscar la perfección por iniciativa propia. Antes bien, las expectativas y las reacciones de sus padres frente a sus errores los llevan a la convicción de que no tienen elección. Como padres, poseemos cierto poder sobre lo que piensan y sienten nuestros hijos acerca de sí mismos. Aun así, no temas ese poder. Cuando lo entendemos y lo abrazamos, tomamos pasos en la dirección correcta para eliminar la perfección de la crianza de nuestros hijos.

....

LA INFECCIÓN DE LA PERFECCIÓN EN CASA

En mi libro *¡Las mamás no tienen que ser perfectas!* introduje el concepto de la infección de la perfección, el efecto que producen en nuestras mentes y espíritus las normas generalizadas, arregladas y maquilladas que vemos todos los días por doquier en el mundo, y nuestra deplorable tendencia a compararnos.

La saturación de los medios de nuestra sociedad contribuyen a la infección de la perfección:

> Junto a las cajas registradoras de los supermercados... vemos imágenes de casas "perfectas", cuerpos "perfectos", y familias "perfectas" en todas las portadas de revistas mientras pagamos nuestros víveres. Las fotos son retocadas en PhotoShop, las historias han sido editadas, y la garantía de la perfección se sobrestima con el objetivo de vender más...
>
> Mientras las revistas nos presentan imágenes irreales con las cuales comparar nuestro cuerpo real y nuestra casa real, podemos culpar a Hollywood por pintarnos una imagen irreal de las relaciones. Cada comedia presenta y resuelve algún tipo de problema en un lapso de treinta minutos. Cada película presenta algún evento o etapa de la vida que se organiza y soluciona en apenas dos horas. Seguramente muestran conflictos y desafíos a nivel de relaciones rotas, pero usualmente el bueno gana y los malos reciben su justo castigo al final del programa. Incluso los espectáculos "reality" no son reales. Han sido editados y adaptados tanto que a veces son una tergiversación de lo que sucedió en un escenario.[2]

---

2. Jill Savage, *¡Las mamás no tienen que ser perfectas!* (Grand Rapids: Portavoz, 2015), pp. 22-23.

En nuestra generación conectada por redes sociales, conocemos y estamos al tanto de un gran número de amigos y conocidos. Así, tenemos un sinnúmero de personas con quienes comparar nuestra realidad con nuestra percepción de la realidad de otros. Si pasas tiempo en Facebook, Twitter o Pinterest, sabrás cuán fácilmente viene la comparación:

Cuando miramos el estado que alguien escribe en su perfil, pensamos: *desearía que mi hijo dijera algo así de tierno*. *O desearía poder decir algo así de mi esposo*. En Pinterest podemos terminar ambicionando más creatividad o mejores ideas cuando vemos todas las herramientas grandiosas de organización o los proyectos manuales que publican otras personas.[3]

Todas estas comparaciones afectan necesariamente nuestras expectativas. Mientras más nos comparamos, más se elevan nuestras expectativas. Ahí está: la infección de la perfección. No fuimos consciente de ello hasta que empezamos a esperar que nuestros problemas se resolvieran en treinta minutos (o quizá dos horas) al estilo de la televisión o las películas. No fuimos consciente de ello hasta que empezamos a desear una piel impecable como la de la modelo de la revista o la propaganda. Reaccionamos con un anhelo inconsciente e instintivo a las imágenes de revista que muestran hermosas cocinas y habitaciones decoradas con jarros llenos de flores, sin juguetes en el piso ni correos pendientes sobre la mesa. "Nuestras expectativas se nutren de un bombardeo constante de escenas e imágenes 'perfectas' que vemos en nuestra sociedad bajo el asedio de los medios".[4]

Sin darnos cuenta, nos encontramos inundados de perfección.

---

3. Ibíd.
4. Ibíd.

¡Es la infiltración más sutil! Con tanta perfección bombardeando nuestros ojos por doquier, no es de extrañar que nuestros deseos empiecen a inclinarse hacia expectativas de tener una casa perfecta, un cuerpo perfecto, un esposo perfecto, una esposa perfecta e hijos perfectos. Así como el clima y la lluvia pueden, con el tiempo, erosionar un peñasco o una playa, nuestra satisfacción con la vida real, es decir, nuestra satisfacción con nuestra casa real, nuestro cuerpo real, nuestra pareja real y nuestros hijos reales, se deteriora. "Si no lo reconocemos, el descontento puede volverse decepción, y luego la decepción puede al final volverse desilusión. Sin embargo, la desilusión no tiene solución posible, porque lo que tú anhelas (la casa perfecta, el trabajo perfecto, el esposo perfecto) sencillamente no existe".[5]

La infección de la perfección se desliza sin esfuerzo alguno y de manera imperceptible en nuestras expectativas de padres. Cuando esto sucede, entramos en territorio peligroso que no solo daña nuestra relación con nuestro hijo, sino que también puede afectar la manera en que nuestros hijos se ven a sí mismos y el mundo.

LOS DIEZ PELIGROS DE LA INFECCIÓN DE LA PERFECCIÓN EN LA CRIANZA

Hay muchas consecuencias negativas del perfeccionismo. Tal vez estés de acuerdo con esto porque fuiste criado en un ambiente de expectativas altísimas que nunca lograste alcanzar. Y no quieres crear la misma atmósfera para tus hijos pero, a decir verdad, no sabes cómo criar de otra manera.

Tal vez has visto a otros padres que fijan expectativas inalcanzables para sus hijos. Una mamá se sintió horrorizada al ver cómo un padre decía a su hijo, después de verlo ganar una competencia de natación, que podía mejorar su tiempo. Lo único que el padre vio

---

5. Ibíd.

fue que su meta personal para su hijo de mejorar su tiempo no se había logrado. ¡El padre no podía ver que el hijo había nadado bien y que incluso había ganado la competencia! Tal vez tú también te has dado cuenta de que esperas demasiado. Solo porque el hijo de dos años de otra persona ya pueda usar el baño no significa que tu hijo de dos años esté listo para hacerlo. Tus expectativas podrían venir de experiencias previas de crianza, como por ejemplo comparar inconscientemente a tu tercer hijo de voluntad firme con tus dos primeros hijos que fueron dóciles.

Sin importar cuáles sean nuestras expectativas de crianza perfeccionista o exigente, es importante que comprendamos el poder que tenemos como padres de influir sobre la manera en que nuestros hijos se ven a sí mismos y el mundo que los rodea. Conscientes de este poder deberíamos motivarnos a examinarnos a nosotros mismos y nuestra relación con nuestros hijos.

¿Piensan ellos que esperamos que sean perfectos? No importa lo que decimos que queremos. Lo que importa es lo que *ellos* perciben a partir de nuestro estilo de crianza.

En un esfuerzo por comprender claramente lo poderosa que es la expectativa de perfección, analicemos los diez peligros del perfeccionismo. Trata de leerlas desde dos perspectivas: 1) a través de tu propia experiencia en la infancia, y 2) a través de los ojos de tus hijos.

Peligro #1: Los hijos no piden ayuda porque no pueden admitir que la necesitan.

Esto puede ser relativamente inofensivo si se trata nada más de una tarea, pero puede ser perjudicial si no preguntan cómo pueden manejar un problema de acoso en la escuela o en una cita amorosa. Queremos que nuestros hijos se sientan seguros para preguntar cualquier cosa. Las personas que se sienten cómodas haciendo preguntas son personas que saben que está bien no saber algo.

....

Entienden que "no saber algo" es normal. Cuando los niños temen hacer preguntas, por lo general, sienten que no está bien desconocer algo y que *las personas perfectas nunca necesitan ayuda.*

Pregunta personal: Cuando yo era niño, ¿temía pedir ayuda a mis padres?

Pregunta personal: Como padre, ¿veo que mis hijos temen pedirme ayuda?

Peligro #2: Los hijos evitarán intentar nuevas cosas.

Cuando a los hijos se les obliga a intentar algo nuevo, se estresan porque es difícil ser perfecto en una tarea novedosa. Por lo tanto, aprenderán menos y experimentarán menos cosas en la vida. Se estancarán y no alcanzarán su potencial. Los hijos que toman riesgos y están dispuestos a probar cosas nuevas no tienen miedo de fracasar. Saben que hay que empezar por algo y que la primera vez es exactamente eso, ¡una primera vez! Cuando los hijos temen intentar cosas nuevas, con frecuencia piensan que *las personas perfectas nunca cometen errores.* Los hijos pueden tener miedo de intentar cosas nuevas si piensan que las personas perfectas nunca cometen errores.

Pregunta personal: Cuando yo era niño, ¿tenía miedo de intentar cosas nuevas?

Pregunta personal: Como padre, ¿veo que mi hijo teme intentar cosas nuevas?

Peligro #3: Los hijos que no cometen errores no desarrollan resistencia.

El arte de recuperarse y recobrar fuerzas rápidamente es primordial. Puesto que estos hijos tratan de evitar los errores a toda costa, cuando los cometen, pueden sentirse destrozados. Una especie de parálisis emocional les impedirá volver a intentarlo. Serán más propensos a creer que los errores son cosas terribles que deben evitarse, y desearán así mantenerse tan lejos como puedan de una experiencia de fracaso. El fracaso se percibe como una experiencia mucho peor de lo que es realmente. Estos hijos dicen para sí: "¡Los errores son terribles!".

Pregunta personal: *Cuando yo era niño, ¿fui resistente y no temía cometer errores?*

Pregunta personal: *Como padre, ¿veo que mi hijo es resistente y no teme cometer errores?*

Peligro #4: Los hijos se relacionarán con los padres con una actitud de miedo.

Estos hijos no quieren cometer errores delante de sus padres, y no desearán que sus padres descubran los errores que ya han cometido. Pueden intentar ocultarlos y pueden desear ser invisibles. No querrán decepcionar a sus padres ni oír críticas que, con demasiada frecuencia, forman parte de este estilo de crianza. Ellos piensan: *Mis padres van a enojarse si descubren que he cometido otro error.*

Pregunta personal: *Cuando yo era niño, ¿temía que mis padres descubrieran mis errores?*

Pregunta personal: *Como padre, ¿veo que mi hijo me tiene miedo o teme que yo descubra algo?*

Peligro #5: Los hijos pueden desarrollar una actitud negativa y crítica hacia ellos mismos y hacia los demás.

Dado que los padres perfeccionistas suelen ser negativos y críticos, los hijos asimilan la cultura familiar. Esta negatividad afectará sus relaciones con la familia, los compañeros y las autoridades. También dañará la imagen que tienen de sí mismos y la percepción de sus habilidades. En lugar de ver lo bueno, se enfocan en lo malo. *No puedo hacer nada bien, y tampoco los demás pueden. Al menos no soy el único que fracasa.*

. . . .

Pregunta personal: Cuando yo era niño, ¿sentía que mis padres me criticaban?

Pregunta personal: Como padre, ¿oyen mis hijos más comentarios negativos que positivos de mi parte?

Peligro #6: Los hijos pueden exigir a otros perfección aun cuando ellos mismos no quieren llenar las expectativas.

Debido a la expectativa de perfección, otras personas por lo general decepcionarán a estos niños. Las personas no tendrán la libertad de ser ellas mismas. Cuando todos están a la defensiva y se muestran tímidos por evitar o encubrir los errores, las relaciones no son profundas y reales. La falta de autenticidad y sinceridad resulta en relaciones superficiales o rotas. Es poco probable entablar amistades sanas. Las expectativas de perfección impiden ser auténtico y sincero, lo cual es indispensable para entablar relaciones saludables.

En mis años de crecimiento no tenía muchos amigos y con frecuencia me sentía decepcionada con los amigos que tenía. Al mirar en retrospectiva, me doy cuenta de que, en parte, esto obedecía a mis elevadas expectativas de mí misma y de los demás. Solía pensar: *¿Por qué no tengo amigos de verdad con quienes puedo divertirme y nada más?*

Pregunta personal: En mis años de crecimiento, ¿me costó tener amistades o luché con expectativas inalcanzables de los demás?

Pregunta personal: Como padre, ¿veo que mi hijo abriga falsas expectativas de los demás?

Peligro #7: Los hijos se enfocarán principalmente en lo que no pueden hacer en lugar de enfocarse en lo que son capaces de hacer.

Dado que los padres que desean perfección señalan lo que los hijos hacen mal en lugar de notar o reconocer lo que hacen bien, sus hijos estarán más familiarizados con lo que no pueden hacer. Conocer las debilidades y las limitaciones sin conocer las fortalezas no es una buena combinación. Lo más probable es que las debilidades prevalezcan y que los hijos sean menos productivos y lleven una vida sin propósito. Por ejemplo, a Kathy no le va muy bien en ortografía, pero es muy buena aprendiendo palabras nuevas. Cuando escribe, esto le permite escoger sinónimos que puede deletrear. Ella ha aprendido a usar un libro de sinónimos en lugar de un diccionario. Por ejemplo, ella puede buscar la palabra "extraordinario" para encontrar "espectacular". También usa un diccionario de términos equívocos y usa el corrector automático de Word más de lo común. Si no hubiera recibido aprobación durante años por sus ideas y su talento para usar bien las palabras, tal vez Kathy hubiera concluido que era incapaz de escribir porque le resultaba difícil la ortografía. Su don hubiera permanecido atrofiado por fijarse en su debilidad.

A diferencia de Kathy, los hijos que se crían ansiosos por sus debilidades, sin darse cuenta de las fortalezas que pueden compensarlas y ayudarles a mejorar, serán incapaces de lograr mucho. Van a dudar que pueden progresar en algo. Pueden ver las debilidades como una condición permanente, lo cual minará aun más su esperanza. Ellos pensarán: *Mis padres siempre van a encontrar algo que he hecho mal. No puedo hacer nada bien y nunca voy a mejorar.* Enfocarse en las debilidades y limitaciones puede llevar a los hijos a perder la esperanza en su propio progreso.

Pregunta personal: Cuando yo era niño, ¿pensaba más en mis fortalezas o en mis debilidades?

Pregunta personal: Como padre, ¿veo que mis hijos se enfocan más en sus fortalezas o en sus debilidades? ¿Con cuáles se sintonizan más?

....

Peligro #8: Cuando se espera perfección de los hijos, ellos pueden dudar en aceptar o creer en sus logros por causa del estrés.

Algunos hijos cometen errores intencionales porque no ser perfecto es menos estresante que lograr la meta más alta que sus padres les han impuesto. Ellos saben que van a levantar aún más la barra para exigir un mejor desempeño futuro. Tan pronto los padres descubren de qué son capaces los hijos, no les gusta aceptar menos. Esto agrava la presión que los hijos experimentan. Un niño miró a Kathy una vez cuando hablábamos acerca de su mal comportamiento. Él dijo con toda confianza: "Oh, yo sé cómo arreglar mi cama y podría hacerlo, pero no lo haré". Cuando Kathy le preguntó por qué, él respondió: "Apenas mamá sepa que puedo hacerlo, va a gritarme más cuando no lo hago. Al menos ahora no está tan segura". A veces los hijos piensan: *Yo podría hacer más, pero no puedo darme el lujo de que mis padres lo descubran. Ya están bastante insatisfechos. No quiero que además de eso se enojen.*

Pregunta personal: Cuando yo era niño o adolescente, ¿rendía poco para evitar el estrés?

Pregunta personal: Como padre, ¿es posible que mis hijos rindan poco para evitar que yo les exija más?

Peligro #9: Los hijos no creerán ni experimentarán la belleza del amor incondicional.

Los hijos de padres perfeccionistas pueden tratar de ganar el amor, la atención y la aceptación de sus padres portándose bien y haciendo bien las cosas, incluso a la perfección. Pueden sentir que siempre tienen que hacer todo bien para mantener a sus padres contentos.

Un adolescente me dijo; "Desearía sentir que mis padres me aman todo el tiempo. Siento que solo me aman cuando hago las cosas como ellos quieren".

Cuando las expectativas son demasiado elevadas, los hijos pueden pensar: *Mis padres no me aman. Solo aman lo que hago cuando lo hago a la perfección.*

Pregunta personal: *Cuando yo era niño, ¿sentí el amor incondicional de mis padres?*

Pregunta personal: *Como padre, ¿manifiesto a mis hijos amor incondicional?*

Peligro #10: Criarse con la meta de la perfección puede afectar negativamente el crecimiento espiritual de los hijos y su relación con el Dios de la Biblia.

Puesto que han aprendido a no pedir ayuda a sus padres, es posible que los hijos tampoco pidan ayuda a Dios. Como han aprendido a ocultar de sus padres sus luchas y errores, puede que *huyan* de Dios cuando pecan. Tal vez nunca experimenten su gracia y amor incondicional. Tratarán de ganar su amor y respeto como lo hicieron con sus padres. Además, si creen que realmente pueden ser perfectos, podrían decidir que no necesitan para nada a Jesús. Podrían de hecho llegar a pensar: *Puedo salvarme a mí mismo. No necesito a este Jesús del que hablan.*

Pregunta personal: *En mis años de crecimiento, ¿tenía miedo de Dios?*

Pregunta personal: *Como padre, ¿conocen mis hijos y responden positivamente al amor y la gracia de Dios?*

Cuando medité en cada una de estas preguntas, obtuve respuestas muy variadas. Sin duda tenía algunas tendencias perfeccionistas en mi forma de criar a mis hijos, pero no estoy segura de que todas tuvieran su origen en la crianza que recibí. Algunas parecen ser parte intrínseca de mi temperamento y personalidad. Puede que eso también sea cierto en algunos de tus hijos. Al mismo tiempo, puedo notar cómo la afirmación natural de mis padres hacia mis logros

....

reforzó mi tendencia a buscar la perfección. Como padres debemos conocer a nuestros hijos. Debemos ser perspicaces, observadores, y vigilantes. ¿Tienes un hijo al que le gusta triunfar? Cuando afirmas su *esfuerzo* tanto como sus *logros*, tu influencia puede ayudar a equilibrar sus tendencias perfeccionistas.

Cuando leías acerca de los diez peligros, ¿descubriste que tu hijo manifestaba alguno de esos comportamientos? Tal vez no te habías dado cuenta de que la infección de la perfección ya lo hubiera afectado. ¿Tienes algunas ideas para entender mejor lo que podría ser su razonamiento? Antes que nada, puedes estar más atento hoy de lo que estuviste ayer. ¡Y el cambio es posible!

¿CUÁL ES LA DIFERENCIA ENTRE LA PERFECCIÓN Y LA EXCELENCIA?

A fin de entender completamente la infección de la perfección en nuestra propia vida y en la crianza de nuestros hijos, es importante que comprendamos la diferencia entre la excelencia y la perfección. Queremos hacer nuestro mejor esfuerzo y queremos que nuestros hijos también lo hagan, pero ¿en qué momento la excelencia se vuelve perfección? Algunas respuestas breves son:

La excelencia es algo bien hecho. La perfección es algo hecho sin faltas.

La excelencia es alcanzable. La perfección es inalcanzable.

La excelencia es positiva. La perfección es negativa.

La excelencia se complace. La perfección nunca está satisfecha.

La excelencia libera. La perfección ata.

La excelencia permite el fracaso. La perfección castiga el fracaso.

La excelencia espera errores. La perfección se horroriza frente a los errores.

La excelencia es crecer. La perfección es morir.

La excelencia es aprender. La perfección es lograr.

La excelencia es abierta. La perfección es cerrada.

La excelencia está motivada por la confianza. La perfección está motivada por el miedo.

La excelencia viene de Dios. La expectativa de la perfección viene del mundo.

En la vida real, ¿cómo se puede escoger la excelencia en lugar del perfeccionismo? He aquí un ejemplo: una mamá debe traer una merienda para el equipo de béisbol de su hijo. Ella quiere preparar algo hecho en casa. Sin embargo, tiene dos hijos enfermos, un esposo que ha trabajado horas extras y sus padres que viven cerca han necesitado más ayuda de lo normal. Esta semana no es realista ponerse a hornear. En total libertad, ella compra unos pastelitos en la pastelería del supermercado. Es una excelente decisión teniendo en cuenta sus limitaciones y los sucesos de su vida presente. Esta elección no conlleva un sentimiento de fracaso. Ella logró lo que necesitaba de la manera más adecuada para su familia.

La excelencia da lugar a múltiples posibilidades de lograr algo. Tiene en cuenta el contexto de los acontecimientos. La perfección dice que solo hay una manera de lograr algo. No hay consideración alguna ni se tiene en cuenta el contexto.

La perfección nos roba el gozo y termina en desesperanza. Nos dispone para el fracaso. Si esperamos perfección de nosotros mismos, viviremos en desilusión constante. Si esperamos perfección de otros, nos volveremos extremadamente críticos.

La excelencia nos motiva a hacer las cosas bien dentro de los límites de la realidad de nuestro temperamento, nuestro talento y nuestras circunstancias. "Logramos nuestros objetivos" en el contexto de todas esas variables. Cuando esperamos excelencia de nosotros mismos, trabajamos en pos de una meta suavizada con gracia.

Cuando esperamos excelencia de los demás, nos proponemos metas y las alentamos bajo la protección de la gracia, lo cual da lugar a que seamos humanos, con todo y nuestros errores.

Nos motiva lograr la excelencia en virtud de nuestra relación con un Dios amoroso y lleno de gracia que nos perfecciona —nos hace mejores— cada día. Nos anima Colosenses 3:23 que dice: *"Hagan lo que hagan, trabajen de buena gana, como para el Señor y no como para nadie en este mundo".* La excelencia viene cuando damos lo mejor de nosotros a Dios, conscientes de que incluso eso no puede ser perfecto porque la perfección no puede lograrse aquí en la tierra. La excelencia tiene lugar cuando damos lo mejor de nosotros mismos a Dios, conscientes de que no será perfecto.

La excelencia nos infunde ánimo y fuerzas. La perfección rechaza. Yo quiero ser una esposa, madre, hija, hermana y amiga que infunde ánimo y fuerzas. Por eso es tan importante resistir la perfección. Yo quiero abrazar con gusto lo que *son* mis hijos en lugar de lamentarme por lo que *no son.* Quiero ver las posibilidades y no las limitaciones de cada hijo que Dios me ha dado.

Cuando miro el mundo, y especialmente a mis hijos, a través del lente de la infección de la perfección, mi perspectiva se distorsiona y soy incapaz de ver las cosas como son realmente. La infección de la perfección perpetúa mis falsas expectativas acerca de mí misma y de los demás. Cuando comparo mi "hijo imaginario" con mi hijo real, la infección de la perfección ahonda la brecha y me impide conocer a mi hijo y gozarme en la persona que es realmente.

Sin embargo, no debemos sentir culpa o vergüenza por el pasado. Estamos escribiendo para darte esperanza en el futuro. Hay una forma de erradicar la infección de la perfección de nuestra crianza. Antes de pasar a las preguntas esenciales que abrigan los hijos en su corazón y a los pasos prácticos para aceptar a nuestros hijos imperfectos, queremos examinar el remedio contra la infección de la perfección en nuestra crianza. El pronóstico es bueno si sencillamente aplicamos primero los antídotos a nuestro propio corazón.

EL REMEDIO CONTRA LA INFECCIÓN DE LA PERFECCIÓN EN LA CRIANZA

Anna Quindlen escribió: "Lo realmente difícil, y realmente maravilloso, es dejar de intentar ser perfecto y empezar a trabajar en ser tú mismo". ¡Ella busca el remedio! Cuando identificamos la infección de la perfección en nuestra propia vida, resistimos el impulso de compararnos con otros, y aceptamos lo que somos realmente, experimentamos una libertad y un contentamiento increíbles.

En *¡Las mamás no tienen que ser perfectas!* presenté los antídotos de la humildad, la confianza, el valor y la gracia que nos ayudan a erradicar la infección de la perfección de nuestra vida. Creo que existen antídotos similares que podemos aplicar a nuestra crianza. Estos antídotos nos ayudan a mantener nuestra crianza libre de la infección de la perfección, resistir el impulso de comparar a nuestros hijos con otros y aceptar lo que son realmente. Cuando los aplicamos generosamente, estos antídotos pueden ayudarnos a crear una atmósfera tal en el hogar que nuestros hijos tienen la libertad de ser ellos mismos sin restricciones. Ellos experimentan contentamiento y un sentimiento de seguridad y confianza cuando sus padres les permiten ser tal como Dios los creó.

Los antídotos para la infección de la perfección en la crianza son compasión, atención, aceptación, y amor. Exploremos por un momento cada uno de ellos.

Compasión

En mi estilo pasado de crianza, antes de considerar seriamente la infección de la perfección, yo era el tipo de madre que intentaba "arreglar" las cosas. *Resiste el dolor. Estás bien. No te quedes ahí desilusionado, mira más bien el futuro.* Pero Dios ha suavizado mi corazón. A veces nada más hace falta que escuche a mis hijos. Necesito sentir su dolor sin tener que arreglarlo.

Palabras como *empatía* y *compasión* no siempre han estado en la breve lista de mis cualidades del carácter. No me malinterpretes: si uno de mis pequeños se caía y se lastimaba una rodilla, yo acudía rápidamente para alzarlo y llevarlo a mi silla mecedora favorita para consolarlo. Siempre he sido buena para atender el dolor físico. Para lo que nunca he sido buena es para atender el dolor emocional.

Aprender a escuchar con empatía fortalece la confianza y la cercanía con tus hijos.

Para ser franca, admito que no siempre he sabido cómo atender mi propio sufrimiento emocional.

Aunque es difícil admitirlo, es cierto. Después de escuchar y animar a los padres por más de veinte años, sé que no soy la única. Tratar el dolor emocional es difícil para muchos. La mayoría de nosotros no recibió buen ejemplo en nuestras familias de origen. Para ser sincera, incluso ahora nos resulta incómodo sintonizarnos con nuestros sentimientos y ser vulnerables. Nos falta autocompasión, que es el primer paso para manifestar compasión hacia nuestros seres queridos.

En un esfuerzo por aprender a escuchar mejor y "sentir" lo que sienten mis seres queridos, he descubierto la utilidad de algunas de estas afirmaciones:

"Apuesto que eso fue muy decepcionante".

"Estoy segura de que esto hirió tu corazón profundamente".

"Esto me parte el corazón. Puedo entender que haya partido el tuyo".

"Lo siento mucho. Imagino lo doloroso que fue esto para ti".

Estoy descubriendo que aprender a escuchar con empatía fortalece la confianza y una relación cercana con mis hijos. Es hacer sentir al otro que su experiencia es válida y que es amado. También me ayuda a aflojar el ritmo, sintonizarme y conectarme realmente con las personas que amo. La autora y oradora Tammy Maltby me dijo: "La compasión es una elección. Debemos elegir ver. Debemos elegir ayudar a la otra persona y llorar cuando llora. Usamos nuestras lágrimas y nuestro dolor para identificarnos con lo que el otro siente, para tender un puente con la realidad que vive la otra persona. Es una de las herramientas más poderosas de Dios".

¿Sentir lo que el otro siente o arreglar las cosas? La compasión siente. Crea puentes. La próxima vez que tu hija tenga un mal día, intenta "sentir" lo que ella siente. Resiste el impulso de querer "arreglar" las cosas. Cuando tu hijo te cuenta una historia de algo que le sucedió, hazte el propósito de ponerte en sus zapatos y "sentir" su dolor o su emoción. Al hacerlo, aplicarás el antídoto de la compasión que te permitirá crear un clima de seguridad y confianza en tu hogar, y en las relaciones con aquellos que son más importantes para ti.

Atención

Como padres, sabemos cuán importante es estar en sintonía con nuestros hijos. ¿Qué les gusta? ¿Qué les desagrada? ¿Necesitan tiempo a solas? ¿Son creativos? ¿Deportistas? ¿Dotados para la música? ¿Qué es importante para ellos?

Reconozco que, con cinco hijos, en ocasiones me he limitado a criar al "rebaño". Los he visto como un grupo en lugar de considerarlos como individuos. Cuanto más atenta me vuelvo, más puedo verlos como seres humanos únicos que tienen diferentes personalidades, temperamentos y habilidades.

La atención no solo nos ayuda a ver cómo funciona cada hijo, sino que también nos ayuda a percibir cuál es su estado emocional. Por lo general, los hijos no se presentan y dicen: "Me siento triste

. . . .

hoy". Más bien, agredirán a uno de sus hermanos con palabras, o estarán más callados que de costumbre. La atención percibe los mensajes que el hijo transmite.

En su libro *The Passionate Mom*, Susan Merrill dice que hay cuatro maneras de mejorar tu atención: piensa, involúcrate, escucha, y espera.[6]

Piensa. Presta atención a lo que sucede a tu alrededor. ¿Con cuánta frecuencia escuchamos o vemos cosas en las que realmente no pensamos? Fácilmente podemos pasar por alto las lágrimas que corren por las mejillas de un niño cuando entra corriendo por la puerta y sube las escaleras, porque estamos demasiado ocupados con nuestras computadoras.

Involúcrate. Haz preguntas, involúcrate en la vida de tu hijo. Explora el mundo de tu hijo para saber lo que realmente sucede en su corazón y en su mente. Si tienes un bebé o un preescolar, evita revisar tu teléfono mientras lo impulsas en el columpio del parque. Si tienes hijos mayores, pregúntales cómo se sienten respecto a los sucesos diarios.

Escucha. Escucha para entender. Resiste el impulso de dar órdenes o arreglar las cosas. Tu meta es estar atento a lo que sucede en la vida de tu hijo. Si tus hijos son pequeños, escucha la diferencia en sus llantos. Presta atención a las señales de cansancio, hambre o incluso aburrimiento. Si son mayores, escucha no solo sus palabras sino también sus corazones. ¿Qué se esconde detrás de sus palabras?

Espera. Espera a que ellos hayan terminado de comunicarse antes de interrumpir para expresar tus propias ideas. Con demasiada frecuencia, los padres interrumpimos con nuestros pensamientos y soluciones, y robamos a nuestros hijos la oportunidad de sacar sus propias conclusiones. Resiste el impulso de pensar por ellos. Espera

---

6. Estas enseñanzas han sido adaptadas de una presentación de Susan Merrill, autora de *The Passionate Mom* (Nashville: Thomas Nelson, 2013), para Hearts at Home.

con paciencia y déjalos pensar por sí mismos. Hacerlo te dará una idea más completa del razonamiento de tu hijo y aumentará tu capacidad de percibir lo que sucede al interior de su cabeza.

Cuando aplicamos el antídoto de la atención, sintonizamos nuestro corazón con el de nuestros hijos al mirar más allá de la superficie. Así como sintonizamos una emisora radial en el estéreo del auto, la atención nos permite sintonizarnos con el corazón y la mente de nuestro hijo. Este antídoto nos saca de la crianza superficial "perfeccionista" y nos permite criar con una profunda intuición.

Aceptación

Todo ser humano tiene una necesidad profunda de pertenecer. Queremos saber que las personas creen en nosotros, que nos aprueban, que nos aceptan por lo que somos. Y anhelamos recibir esto especialmente de nuestros padres. Todo ser humano tiene una necesidad profunda de pertenecer.

A pesar de los errores, de las malas decisiones o, como vimos antes, del progreso que logren, debemos asegurarnos de que nuestros hijos sepan que siguen siendo amados y aceptados. Queremos que sepan que nos pertenecen a pesar de todo. La aceptación no solo debe existir cuando se cometen errores (también conocidos como "progreso"), sino además cuando nuestros hijos simplemente son diferentes a nosotros.

Al meditar en cómo aceptar lo diferente que es su hija, una madre descubrió lo siguiente: "Personalmente he luchado con la importancia que le doy a mi apariencia personal. Luego me di cuenta de que intentaba controlar la apariencia de mi hija como si ella fuera una extensión de mi persona. Pero no lo es. Ella es otra persona, y yo debo tratarla como tal y dejarla que se exprese como corresponde".

Esta sabia madre se examinó profundamente y vio el peligro de su liderazgo. Se dio cuenta de cómo rechazaba implícitamente a su hija porque sentía que ella no la representaba bien en su manera de vestir.

·········

¿Cómo aplicamos con seriedad el antídoto de la aceptación? Estas son seis maneras de aceptar mejor a nuestros hijos:

1. **Vigila tu vida mental.** Con demasiada frecuencia, pensamos cosas de otras personas (nuestra pareja y nuestros hijos) sin siquiera darnos cuenta. Cuando prestamos atención a nuestros pensamientos, podemos, de hecho, reorientarlos. La Biblia llama a esto "llevar cautivo todo pensamiento" (2 Co. 10:5). Presta atención a lo que piensas. Si te descubres juzgando a alguien, recuerda que estás esforzándote por aceptar más a los demás. Tenemos realmente la capacidad de redirigir nuestros pensamientos.

2. **Ten cuidado con el razonamiento de blanco y negro.** Es muy fácil pensar que tu manera de pensar es la correcta o la única posible. Tu hijo puede tener una forma muy diferente de hacer las cosas. Claro, puede que sea menos eficiente o tome más tiempo, pero también es válida. Esfuérzate por dejar de catalogar tu manera de hacer las cosas como la "correcta". Mi amiga Rhonda dice: "Recuerda que 2+2=4, pero también lo es 3+1 y 4+0. Hay distintas maneras de obtener el mismo resultado".

3. **Fíjate en lo positivo.** Cuando no podemos aceptar algo o alguien, por lo general resulta que nos fijamos solamente en lo negativo. Si indagamos más, usualmente podemos encontrar algo positivo acerca de un hijo o de la manera en que hace las cosas.

4. **Deja de juzgarte.** Nuestros juicios de otros son, con frecuencia, el resultado de nuestras propias críticas de nosotros mismos. Si dejamos de presionarnos a nosotros mismos para hacer las cosas de la manera "correcta", dejaremos también de presionar a nuestra pareja y a nuestros hijos. Dejar de

juzgarnos a nosotros mismos y a los demás es un paso crucial para lograr la aceptación.

5. **Enfócate en el presente.** La falta de aceptación puede originarse en la comparación con el pasado. *Así fue como lo hice con mi hijo mayor* o *Así es como debe hacerse.* En lugar de pensar en cómo algo se ha hecho en el pasado, piensa en *el presente.* Las comparaciones con el pasado siempre impiden aceptar la realidad presente.

6. **Da vuelta a la situación.** Pregúntate: *¿Cómo sería si yo fuera el receptor de mis actitudes y palabras? ¿Cómo me sentiría?* Ponernos en los zapatos de otro nos ayuda a aceptar mejor a los demás porque pensamos en lo que podríamos sentir si fuéramos rechazados o corregidos todo el tiempo.[7]

Amor

Es una palabra de uso excesivo en nuestro vocabulario, y tiene un espectro amplísimo de significados. "Amo la mantequilla de maní" es un uso muy diferente al que se le da a la frase "Te amo" en una boda para sellar un compromiso de por vida o a "Amo a mis hijos" aun cuando no nos agradan mucho.

El amor es una mezcla de afecto, devoción y lealtad. Es parte emoción y parte compromiso. El amor real, es decir, el amor incondicional, es esperanza mezclada con la realidad de la vida.

Dios, cuyo amor es perfecto, incondicional e infinito, es quien nos enseña acerca del amor. La Biblia ilustra cómo se vive el amor a diario en el "capítulo del amor", 1 Corintios 13, que se lee con frecuencia en las bodas.

---

7. Adaptado de Dani Dipiro, entrada de blog, "What If You Accepted People Just as They Are", Positively Present, noviembre, 2011, www.positively present.com.

El amor es paciente, es bondadoso. El amor no es envidioso ni jactancioso ni orgulloso. No se comporta con rudeza, no es egoísta, no se enoja fácilmente, no guarda rencor. El amor no se deleita en la maldad sino que se regocija con la verdad. Todo lo disculpa, todo lo cree, todo lo espera, todo lo soporta (1 Co. 13:4-7).

Nuestros hijos imperfectos necesitan saber que nuestro amor nunca está en juego. Es un amor que protege, confía, espera, persevera. No obstante, sin siquiera darnos cuenta, a veces tratamos a los hijos conforme a esta ecuación: Mal comportamiento = Pérdida del afecto. Es una respuesta humana natural frente al conflicto y la frustración, pero no es para nada saludable.

Cuando Dios es quien dirige nuestra vida, Él nos manda negarnos a nosotros mismos y seguirle. Eso significa resistir la manera en que *queremos* reaccionar, y en lugar de eso elegir la manera en que Dios desea que reaccionemos. Hay una batalla que sucede en nuestro interior cuando nos debatimos entre hacer las cosas a nuestra manera o a la manera de Dios. Cuando dejamos que Dios gane esa batalla, tomamos un paso más hacia la madurez en nuestra fe. También experimentamos el gozo que produce la victoria de manejar las cosas a la manera de Dios y no a nuestra manera.

Echemos un vistazo a cómo 1 Corintios 13:4-7 podría, en términos prácticos, afectar la manera en que amamos a diario a nuestros hijos. ¡No podrás hacerlo perfecto porque todos somos una obra inacabada! Sin embargo, puedes meditar profundamente en estas preguntas y examinar a fondo tu amor por tus hijos.

El amor es paciente. ¿Soy paciente con mi hijo que es diferente a mí?

El amor es bondadoso. ¿Soy bondadoso cuando a mi hijo

le toma el doble de tiempo de lo que a mí me parece
que debería tomarle?

El amor no es envidioso. ¿Deseo que mis hijos sean más
como el hijo o la hija de otra mamá?

El amor no es jactancioso. ¿Me paso el tiempo comen-
tando lo que mi hijo hace bien o intento ocultar áreas
en las que no es lo suficientemente bueno?

El amor no es orgulloso. ¿Temo hablar acerca de cómo
estoy o cómo está mi hijo *realmente* por temor a lo que
otros podrían pensar?

El amor no se comporta con rudeza. ¿Deshonro a veces a
mi hijo exigiéndole que sea alguien más y no la persona única que él o ella es y que Dios ha creado?

El amor no es egoísta. ¿Soy egoísta a veces en mis interacciones con mi hijo?

El amor no se enoja fácilmente. ¿Cuánta energía gasto
enojándome con mi hijo?

El amor no guarda rencor. ¿Mantengo constantemente una
lista mental de todo lo que mi hijo ha hecho mal?

*El amor no se deleita en la maldad sino que se regocija con
la verdad.* ¿Mantengo mi mente enfocada en la verdad
de Dios acerca de mi hijo?

El amor protege. ¿Protejo este ser humano único que Dios
me ha encomendado aun cuando desafía mi autoridad?

El amor cree. ¿Confío que Dios tiene una visión más
amplia de la vida de este hijo? ¿Creo que Dios conoce
lo que le depara su futuro y yo no?

El amor espera. ¿Espero y creo lo mejor para este hijo, o
temo lo que el futuro traerá?

El amor persevera. ¿Fijo mis pensamientos en las

. . . .

posibilidades del futuro en lugar de enfocarme en las dificultades y los desafíos que enfrento hoy?[8]

LA ERRADICACIÓN DE LA INFECCIÓN DE LA PERFECCIÓN

Si quieres dar a tus hijos la libertad de ser lo que son realmente, todo empieza contigo. Tienes que entender que la infección de la perfección existe. Tienes que ser consciente de los daños que puede causar una crianza bajo la infección de la perfección. Tienes que conocer la diferencia entre excelencia y perfección. Tienes que conocer los antídotos y aplicarlos a tu vida para que puedas ofrecer a tus hijos el regalo de ser plenamente tal como Dios los ha creado.

¡Tú puedes lograrlo! Ahora entremos en la mente de tu hijo y pongamos en práctica lo que hemos aprendido. Examinemos las preguntas esenciales que todo hijo se plantea en silencio y cómo los padres podemos contestarlas de tal modo que ellos tengan la libertad de volar.

---

8. Savage, *¡Las mamás no tienen que ser perfectas!*, pp. 65-66.

LA HISTORIA DE LEA

*H*abía una vez una joven madre que lo sabía todo: yo. Era realmente buena en todo este asunto de la crianza y la disciplina, y mis hijos se comportaban muy bien, al menos en público.

Un buen día llevé a mis hijos a una feria en el centro de la ciudad. Kathryne, mi hija mayor, tenía unos cinco años. Charles, todo un niño, tenía unos tres. Y Ashlyne, mi tercera, era bebé. Aquella feria ofrecía algunas atracciones para los niños, entre esas una casa inflable para saltar. Yo tengo sentimientos encontrados respecto a las casas inflables. Por un lado, es muy agradable que los niños salten y jueguen sin peligro de lastimarse, en especial cuando no hay muchos niños adentro. Por otro lado, muchos niños son sinónimo de grandes cantidades de gérmenes y mayores probabilidades de accidente. Consciente de esto, al fin dejé a regañadientes que mis hijos mayores entraran en la casa inflable.

Yo me quedé afuera con mi bebé y traté de supervisar a los dos mayores a través de la malla de la casa inflable. Minutos después, otro niño salió a gatas por la abertura anunciando a sus padres que se salía porque: "¡Había unos niños escupiendo!". Yo me aterré. ¡Qué suciedad! ¡Qué niño tan desconsiderado! ¡Qué padres tan malos los que dejan que un niño escupa en una casa inflable repleta de niños! Llena de indignación y aire de superioridad, me incliné hacia la abertura de la casa inflable con la idea de sacar de allí a mis hijos. Por supuesto que había planeado decir (en voz alta): "Siento mucho que tengamos que irnos, pero parece que un niño sucio está escupiendo aquí adentro". Pero antes de que las palabras pudieran salir de mi boca, Kathryne asomó su cabeza y dijo: "Oye, mamá. ¡Charles está aquí escupiendo!". Toda mi indignación se esfumó y quedé desmoralizada y avergonzada. ¿¡Mi hijo!? Seguro que no. ¿Era yo la mala madre? ¿Era mi hijo el niño sucio y desconsiderado? Cuando llamé a mis hijos para que salieran de la casa inflable, los otros padres me miraron.

Estoy segura de que estaban pensando de mí las mismas cosas que yo había pensado de ellos hacía solo un momento. Miré a mi hijo y respiré profundo. Afortunadamente no me desesperé ni le grité (¡aunque sin duda me sentí tentada a hacerlo!). En lugar de eso, le pregunté (en voz calmada): "Charles, ¿por qué escupiste en la casa inflable?". Él me miró, y parecía un poco confundido a causa de la conmoción, y respondió: "Quería hacer un charco donde pudiera saltar".

Un charco, para saltar. Quería hacer un charco para saltar. Él no era un niño malo y sucio. Yo no era una madre mala y perezosa. Él era un niño, un niño normal, como cualquiera, un niño curioso que quería saltar en un charco. No era perfecto. Yo tampoco lo era. Él era nada más un niño pequeño normal.

Aprendí mucho ese día en la feria. Aprendí que no hay niños perfectos. No hay padres perfectos. Y aprendí que necesito ofrecer gracia, aun cuando siento que quiero juzgar a otro padre por cuenta del comportamiento de su hijo. A veces se trata simplemente de un niño que quiere saltar en un charco.[9]

9. Leah Courtney, entrada de blog, "Just When You Thought You Had This Parenting Thing Down", 18 de julio de 2013, www.courtneysix. blogspot.com. Usado con permiso.

CAPÍTULO 3

¿SOY DE TU agrado?

En la cultura actual de medios sociales no es fácil experimentar contentamiento, y la tentación segura es la comparación. Si los adultos luchan con el problema de comparar su realidad interior con la apariencia externa de los demás, puedes estar seguro de que nuestros hijos, que intentan encontrar su lugar en el mundo, sufren lo mismo. Por eso se hacen preguntas esenciales como: "¿Soy de tu agrado?".

Los niños hacen muchas preguntas. Pasa unas horas con un pequeño de tres años y lo recordarás. Sin embargo, a medida que crecen no hacen tantas preguntas de manera verbal. En lugar de eso, hacen "preguntas" por medio de sus decisiones y su comportamiento. Dicen lo que dicen y hacen lo que hacen en parte para probar tus reacciones. Lo que haces y lo que no haces responde sus preguntas, sea que lo quieras o no. Por eso es tan importante para los padres comprender las preguntas y trazar un plan para contestarlas con nuestras respuestas. Estar preparados para las preguntas es otro paso para ayudar a nuestros hijos a verse a sí mismos como Dios los ve. Los hijos hacen muchas preguntas, pero no siempre las expresan en sus propias palabras.

¿REALMENTE TE AGRADO?

Siéntate un minuto en una de las sesiones de Kathy, y escucha la forma en que esta hija expresó su anhelo de recibir la aprobación de sus padres.

—Doctora Kathy, mis padres no me aman como yo quisiera.

—Lamento que te sientas así. ¿Puedes explicarme lo que quieres decir?

—Bueno, ellos se quejan mucho. Yo los decepciono todo el tiempo. Ya casi no pasan tiempo conmigo. Estoy segura de que es mi culpa que ellos no puedan amarme, pero no sé qué hacer.

—Cuéntame más.

—Ellos dicen que me aman. A veces pienso que lo dicen en serio. Lo puedo ver en sus caras. Pero a veces parece que lo dicen porque es lo que tienen que decir. ¿Entiende? Son mis padres. Tienen que amarme.

—¿Qué más?

—¡Ya sé! Ya sé lo que quiero. Tal vez ellos sí me aman. Yo desearía ser de su agrado. Nada más. No creo que yo les agrade. ¿Puede enseñarme cómo puedo agradarles? Creo que entonces me sentiría bien.

—Empecemos con un abrazo.

El abrazo vino con lágrimas.

Los padres tienen sueños para sus hijos antes de su nacimiento. Algunas mujeres han soñado con sus hijos futuros desde que eran niñas y jugaban con muñecas. Luego transcurren veinte años, y eso es mucho tiempo para pensar en el hijo que quieres. Ahora bien, puesto que tantos padres conocen el género de su bebé antes de dar a luz, tienen aún más tiempo para soñar de manera más específica. Y planear. Y especular.

....

¿Son los sueños inofensivos? Bueno, eso depende. Si somos capaces de ajustar nuestros sueños para que se acomoden a los hijos reales, la visión que tuvimos puede ser inofensiva. Sin embargo, si insistimos en convertir a un niño real en el niño de los sueños que habíamos imaginado, y esa imagen no coincide con lo que él es, pueden surgir expectativas inalcanzables y una profunda frustración. Tenemos que humillarnos, dejar atrás "lo que soñamos" y aceptar "lo que es", a medida que conocemos a nuestros hijos tal como han sido creados.

Tenemos que nutrir a los hijos que hemos recibido y no a los hijos que desearíamos haber tenido. Si tratamos de criar lo que queremos, ignorando a quienes tenemos frente a nosotros, no funcionará. No se percibirá como amor. No será amor. No se percibirá como aceptación. De hecho, se sentirá como rechazo. Tenemos que cuidar a los hijos que recibimos, no a los hijos que desearíamos haber tenido.

¿Es esto rechazo? Aun si dices que no lo es, la cuestión es si tus hijos lo perciben como tal. ¿Qué sienten ellos y qué experimentan cuando están o no están contigo? Las creencias guían los comportamientos, así que es importante hacerse esta difícil pregunta: "¿Quiero rechazar alguna parte de mi hijo?". Si tus comportamientos hacen pensar a tus hijos que rechazas algo en ellos, lo más probable es que tus creencias estén en línea con eso.

Concédete gracia. Muchos padres han oído a su hijo gritar: "¡Te odio!" al tiempo que corren a su habitación dando golpes. La mayoría de los hijos se han sentido rechazados. ¡Y también los padres! Cuando corregimos a nuestros hijos, tenemos que reafirmarlos diciendo que rechazamos sus comportamientos, decisiones o actitudes negativos, y no a ellos. Por ejemplo, podemos decir algo como: "Beatriz, te amo mucho, pero no me gusta la decisión que tomaste de ser irrespetuosa. Tu comportamiento no estuvo bien, y perderás el privilegio de ver tu programa favorito de televisión esta noche".

········

Tenemos la obligación de a amar a nuestros hijos. No siempre tenemos que amar lo que hacen. El amor incondicional es mejor. No hay nada que ellos puedan hacer que nos lleve a amarlos más, y nada pueden hacer para que lleguemos a amarlos menos. En términos ideales, ellos nos aman de igual manera, sin condiciones. No podemos cambiarlos, pero podemos disfrutar los cambios cuando ocurren. Por eso la niña que hablaba con Kathy se dio cuenta de que su dolor tal vez no tenía que ver con amor. "Ellos son mis padres. Tienen que amarme". Era la cuestión de saber si ella era de su agrado. Algo sucedía con ella. Por la razón que fuera, ella no se sentía apreciada ni reconocida. Tal vez lo que a ella le agradaba no agradaba a sus padres, y viceversa. Tal vez en los últimos días se habían escuchado muchas quejas. A diferencia del amor, que debe ser estable y siempre profundo y amplio, el "agrado" cambia, pero siempre debe estar presente.

ANSIAS

Los hijos ansían profundamente ser reconocidos. Eso es lo que motiva gran parte de lo que hacen. Están descubriéndose a sí mismos y quieren que otros también los descubran. Quieren ser vistos, escuchados y conocidos. "Mami, ¡ven a ver lo que hice!" es una exclamación frecuente de un niño pequeño. Incluso mi hijo de dieciséis años me dice: "Mami, ven a escuchar esta canción que escribí" o "Ven y mira este sitio web tan interesante". Es tentador restar importancia a esos momentos o responder a ellos de manera automática. Estoy aprendiendo a dar a mi hijo el regalo de mi presencia sin reservas. No se trata de prestar un poco de atención, sino de una invitación a conocer a mi hijo, a conocerlo realmente. Los hijos quieren ser vistos, escuchados y conocidos.

De hecho, la "necesidad fundamental de ser conocido" puede proteger a un hijo de la inclinación de sus padres a que él sea de

....

cierta manera. Desearía que mi hijo tuviera ciertas habilidades e intereses. No hay nada malo en eso. Pero si el deseo se vuelve un supuesto y no se conoce al hijo realmente, puede ser lastimado. ¿Cómo te sientes cuando las personas emiten supuestos acerca de ti?, ¿cuando alguien supone que te gustaría ir a la casa de un amigo a una fiesta para comprar joyas?, ¿cuando alguien da por sentado que eres una persona madrugadora?, ¿cuando alguien supone que eres un artista porque tu casa es hermosa?, ¿cuando alguien da por hecho que a toda tu familia le encantaría ir de campamento con su familia?

Tal vez te has sentido irrespetado. ¿Invisible? ¿Rechazado? ¿Ignorado?

¿Cómo te sientes cuando tus amigos descubren que no quieres ir a la fiesta, que no eres un madrugador y, por lo tanto, no los verás para el desayuno, que no eres tú quien decoró tu casa, y que ir de campamento es lo último que desearías hacer aunque tienes dos hijos? ¿Te sientes rechazado? ¿Sientes que no encajas? ¿Sientes que te desestiman? ¿Te sientes indeseado?

¿Debería sorprendernos que nuestros hijos se sientan igual cuando hacemos suposiciones acerca de ellos? ¿Cuando estamos seguros de que les gustará trabajar en el jardín como a nosotros? ¿Cuando estamos seguros de que desearán aprender a tocar trompeta porque nosotros lo hicimos? ¿Cuando estamos convencidos de que leer será su pasatiempo favorito y por eso insistimos en llevarlos a las bibliotecas y a las librerías?

Puede que tus hijos no duden de tu amor. Ellos saben que se supone que debemos amarlos. Casi es nuestra obligación. Pero ¿dudan ellos que son de tu "agrado"?

Solo para aclarar: hay momentos en los cuales podemos pedir a nuestros hijos que hagan algo que no les gusta. A mis hijos nunca les ha "gustado" trabajar en el jardín, pero vivimos en un terreno de 10.000 metros cuadrados, y sea que les guste o no, deben con frecuencia podar el césped y ayudar en las labores afuera. Se trata de formar el carácter. Sin embargo, cuando yo salgo a quitar las malezas de los jardines de flores, evito pedir a mi hijo que me ayude. Yo disfruto la satisfacción que me da arrancar malezas, pero él no. Y sin importar cuánto lo desee yo, eso no cambiará. Debo saber esto acerca de él, y respetar lo que es.

No obstante, cuando necesito que mi hijo me ayude a quitar malezas porque vamos a invitar amigos a un día de campo, yo le digo: "Austin, necesito que me ayudes a arrancar malezas esta tarde. Sé que es una de las cosas que menos te gusta hacer, pero también sé que te gusta invitar a tus amigos para jugar en el patio. Tenemos que trabajar juntos para hacer este trabajo y que todos podamos disfrutar el patio que tenemos". Cuando conocemos y respetamos la individualidad de nuestros hijos, esto afirma la libertad que tienen para ser ellos mismos.

SUEÑOS FUNDADOS EN LA REALIDAD

Pensar y soñar con frecuencia en el futuro de tus hijos está bien. Como ya hemos visto, para algunos padres esto comienza antes de haber concebido siquiera a sus hijos. Soñar y pensar es indispensable porque alienta la esperanza. Las metas y los pasos prácticos se originan allí. Sin embargo, a medida que conoces más y más a tu hijo, tus sueños deben basarse en la realidad. De lo contrario, tendrás que enfrentar alguno de los tres resultados siguientes.

Primero, que los sueños no se realicen y te sientas decepcionado. Si no eres cuidadoso, esta decepción puede convertirse en frustración y enojo. Con demasiada frecuencia, en lugar de sentirte decepcionado de ti mismo por haber decidido creer en sueños irrealizables, tu frustración va a dirigirse hacia tu hijo inocente. Esto alimenta las dudas acerca de si él es o no de tu agrado. Aun si esto ya ha sucedido antes, pueden surgir nuevos sueños que sí son reales y que se basan en el conocimiento que tienes de tu hijo. Él volverá a decidir confiar en ti, y crecerá conforme a lo que Dios ha planeado para su vida.

Existe un segundo resultado cuando consciente o inconscientemente rehusamos abandonar nuestros sueños e insistimos en tener la razón. En nuestra mente, nuestros hijos tienen que ser tal como lo hemos planeado. Insistimos en crear a nuestros hijos a nuestra imagen en lugar de honrar la manera en que Dios los ha creado. Cuando empujamos nuestros hijos a ajustarse a nuestro molde, pueden romperse. Sus espíritus pueden quebrantarse y sus propios sueños pueden morir. La confianza puede desmoronarse a medida que aumentan las dudas. Surgen cuestionamientos, y no encuentran las respuestas. Se sienten paralizados por la discrepancia entre lo que son y lo que se espera que sean. ¿Soy del agrado de mis padres? ¿En realidad me conocen? ¿No se dan cuenta de que no soy feliz? ¿Acaso importa?

Los hijos que son quebrantados pueden volver a restaurarse. El amor incondicional, la esperanza, las disculpas, pedir perdón y ofrecer aceptación pueden, con el tiempo, llegar a demostrar que nuestras expectativas como padres han cambiado. La forma más segura de restaurarlos es pasar tiempo con nuestros hijos para intentar conocerlos de manera sincera. Si descubres que has estado imponiendo a tus hijos tus propios sueños, ten por seguro que nunca es demasiado tarde para cambiar esa situación.

Existe una tercera posibilidad. Algunos hijos no pueden arriesgarse más a perder la atención de sus padres, de modo que se fuerzan a lograr aquello para lo cual no han sido creados y complacer a sus padres. Buscan por todos los medios evitar decepcionarlos. Aunque la atención que reciben puede ser intensa, llena de presiones y dirigida hacia una fracción mínima de sus vidas, al menos pueden lograr que les pongan un poco de atención.

Estos hijos pagan un precio, y es común que tarde o temprano se agoten. Luego, cuando abandonan los esfuerzos que conducían

....

al sueño de sus padres por el cual se esforzaron, pueden culparse a sí mismos en lugar de sus padres: "Soy un fracaso", "Soy un flojo". Aunque esto les resulta más fácil de admitir, no es saludable. Asumen la responsabilidad por algo que en realidad no es culpa suya. También es posible que sus verdaderos talentos nunca se descubran ni se desarrollen. Están tan ocupados en imponerse una fortaleza falsa, que tal vez nunca lleguen a saber para qué fueron creados. Estos niños no viven con integridad, ya que lo que son en su interior no coincide con su vida exterior. Puede que no sepan cómo describir la confusión o lo inadecuados que se sienten, pero lo experimentarán en alguna medida.

Llora por los sueños y las metas perdidas. Llora por lo que no fue.

Incluso esta tercera realidad es posible cambiarla. En cualquier momento que los padres descubren lo que son sus hijos realmente, aun si ya son adultos, esa presión puede quitarse. Si tú eres ese hijo que todavía es incapaz de estar a la altura del perfeccionismo de tus padres, es posible librarte de esas expectativas. Podría ser algo tan sencillo como decidir perdonarlos, llegar a conocerte a ti mismo, aceptar lo que eres y avanzar en la vida. Esto podría requerir la ayuda de un buen consejero cristiano que te ayude a sanar las decepciones y heridas del pasado. Sea lo que sea que esto requiera, ¡es posible lograrlo!

Entonces, ¿cuál es la respuesta para un hijo que es distinto al "hijo imaginario" en su cabeza? Hay dos pasos prácticos que puede tomar: duelo y conocimiento. Miremos estos dos pasos importantes hacia la libertad.

Duelo

Primero, debemos dolernos. Llora la pérdida de los sueños y las metas, ya sean a corto o largo plazo. Llora por lo que no fue. Llora por lo que pensaste que sería. Llora por lo que imaginaste que sucedería y nunca sucedió. Habla con Dios al respecto. Cuéntalo a un

………

amigo. Escribe lo que piensas. Puede que incluso quieras llorar. Está bien. Deja correr las lágrimas. Se trata de soltar, lo cual, al final, traerá libertad para ti y para tu hijo.

He tenido que hacer esto de varias maneras a lo largo de los años. Por un lado, aceptar el hecho de que a ninguno de mis cinco hijos le gustaba aprender como yo. A mí me gustaba la escuela. Me fascinaba aprender. Me encantaba plantearme desafíos educativos. Me gradué de mi clase en el tercer lugar, no porque tratara de ser la mejor de la clase, sino porque me fascinaba aprender. Ninguno de mis hijos heredó mi ADN educativo. Mis hijos manifestaron una amplia gama de actitudes desde el buen desempeño (sin que les gustara estudiar) hasta soportar la escuela solo por obligación. Al principio, yo esperaba que fueran como yo, que les gustara aprender, que participaran en las elecciones escolares y llenaran sus agendas con actividades extracurriculares. Sin embargo, cuando la realidad quedó en evidencia, tuve que renunciar a esos deseos y esperanzas, y dolerme por su ausencia. En un principio animé a cada hijo en la dirección que yo esperaba que tomaran, pero tan pronto fue evidente que mis esperanzas no les acomodaban, tuve que aceptar lo que eran y sus perspectivas diferentes acerca del aprendizaje escolar. Tan pronto quité de mis hijos la "presión" sobre asuntos escolares y sus actividades, ya no era cuestión de saber si ellos eran del "agrado" de mamá o no. Mi aceptación les hacía saber que sí eran de "mi agrado".

Por otro lado, tanto mi esposo como yo hemos tenido que dolernos recientemente por los problemas de salud mental de nuestro hijo. Nuestros sueños para él no incluían un diagnóstico de desorden de estrés postraumático, trastorno reactivo de vinculación, desorden de la personalidad y depresión clínica severa. Por supuesto que no imaginamos que nuestro hijo se cortara, intentara suicidarse o pasara meses en un hospital psiquiátrico. Esto no fue lo que soñamos para el pequeño de ocho años cuyo rostro conquistó nuestros corazones

. . . .

cuando vimos su foto once años atrás. Hemos tenido que hacer duelo frente a la pérdida y el rechazo que él experimentó tras ser abandonado por su familia biológica y pasar nueve años en un orfanato. Hemos tenido que lamentar la falta de conexión emocional que sufrió durante los primeros nueve años de su vida y que lo llevó a rechazar hoy cualquier toque de amor. Hemos tenido que dolernos por lo que pensamos que serían sus años de secundaria gozando de todas las oportunidades. Hemos procesado toda esta pena con amigos cercanos, hemos hablado como familia y hemos llorado. No es lo que habíamos imaginado, pero así son las cosas. Dolerse ha sido un primer paso importante para librarnos de nuestros sueños rotos.

Conocimiento

El segundo paso es conocer: conocer a tu hijo. Ahora que has soltado aquello que pensaste que sería, empieza a conocer lo que es. Estudia a tu hijo. Presta atención a su manera de pensar. Familiarízate con su temperamento. Aprende lo que le hace sufrir, lo que le frustra, o cómo su cerebro funciona igual o diferente al tuyo. Dios programó a tu bebé. Él determinó las fortalezas de tu hijo pequeño. Él dispuso una trayectoria para tu adolescente. Dios te ha asignado un proyecto de investigación de dieciocho años. Formula preguntas para ti mismo, para tu pareja, para tus amigos: ¿qué distingue a este hijo? Las tendencias de la infancia predicen las habilidades adultas. Léelas. Disciérnelas. Afírmalas.

Cuando hice esto con mis hijos a quienes no les gustaba la escuela, hice muchos descubrimientos. Mi hija mayor, Anne, es introvertida, lo cual significa que se siente plena estando sola. Ella no llenó su agenda de actividades extracurriculares porque necesitaba tiempo para recostarse en su sala y leer un libro. Las actividades solitarias le permitían restaurarse emocionalmente. Al principio, esto me exasperaba, pero luego descubrí que ella estaba siendo fiel a su carácter. Yo debía saber esto y valorarlo.

Mi hijo Evan tenía un gran grupo de amigos y disfrutaba su vida social por fuera de la secundaria, pero aparte de un coro *a capella* al que pertenecía, no participaba en otras actividades extracurriculares. Una vez cantó en el musical de la escuela y lo detestó. (¿Qué? ¡Esa fue una de mis actividades favoritas en la secundaria!) Aún así, era un músico que también necesitaba tiempo para expresar su creatividad. Él y sus amigos escribían y tocaban música juntos. Si estaba demasiado involucrado en la escuela, no podía ser creativo. No tuve esto en cuenta al presionarlo para que se involucrara en actividades escolares, pero a medida que conocía más a mi hijo, comprendí mejor sus necesidades y aprendí a ajustar mis deseos a los suyos.

Cuando mi hija Erica se embarcó en sus años de secundaria, quedó en evidencia que a ella no le gustaba el encierro de una escuela. Le desagradaba el "trabajo improductivo" que resultaba de los profesores que intentaban atender una amplia gama de estilos de aprendizaje en el aula. Cuando empezó a beber y a salir con malas compañías en la escuela (¿recuerdas cómo los niños no se comunican tanto con sus palabras sino con sus acciones?), supimos que debíamos cambiar algo. La sacamos de la escuela y le permitimos terminar su educación secundaria en casa, y a través de cursos de doble crédito en la secundaria y la universidad en un centro de formación superior local. A ella le fue de maravilla en el ambiente universitario donde se asiste a clase dos o tres veces por semana y cada cual es responsable de sus deberes y su aprendizaje. ¡No hay trabajo improductivo! Apenas renuncié a mi sueño (de verla subir al estrado de graduación para recibir su diploma), pude conocer mejor a mi hija, ver sus necesidades, y entrar en su mundo. Ah, ¡y lo mejor de todo es que ella volvió a agradarme! Yo lo percibí ¡y ella también!

Poco después de adoptar a Koyla, fuimos como familia al gimnasio. A sus nueve años, Koyla no hablaba inglés, pero su sonrisa comunicaba mil palabras. Cuando entramos a la sección de nuestro gimnasio local donde hay una pista de atletismo, Koyla empezó a

....

correr. Y a correr. Y a correr un poco más. La sonrisa en su rostro comunicaba gozo con cada vuelta que daba frente a nosotros. En la secundaria animamos a Koyla a correr a campo traviesa. Siempre terminaba entre los dos o tres corredores ganadores, a menudo con varios minutos de ventaja frente al siguiente grupo de atletas. En octavo grado corrió en una prueba a campo traviesa que ganó el campeonato estatal. Este chico estaba destinado para ser un gran atleta. Yo imaginé muchas victorias en su futuro y la posibilidad de obtener becas deportivas. Pero había un gran problema: a él le fascinaba correr, pero detestaba competir. Todavía le encanta correr solamente por gusto, pero no para ganar nada. Cuando nos rogó que lo sacáramos del equipo de competencias de la secundaria, Mark y yo al fin accedimos. Me dolió que a Koyla no le gustara el llamado a la competencia. Él no valoró su talento para lograr algo como una beca educativa. No le motivaba competir y, al final, me di cuenta de que si pasaba de alentarlo a obligarlo (algo que confieso sentí deseos de hacer para "salvarlo" de él mismo), muy probablemente esto le habría robado por completo el gusto por correr.

Nuestro hijo menor, Austin, se parece a su hermano mayor. Tiene talento musical. Es creativo. Nunca le gustaron las limitaciones de las lecciones de piano, pero brilla en la interpretación por oído. Yo como maestra de piano quería que él tuviera la técnica correcta y la capacidad de tocar por vista, pero al final tuve que renunciar a mi sueño de años de lecciones de piano. Austin es realmente un artista que no está limitado por lo que está escrito en la partitura, y he tenido que conocerlo muy bien para apoyarlo en eso. Sumérgete en aprender a conocer a tu hijo y acepta la persona que es en realidad.

Dolerse y conocer: ambos pasos requieren tiempo. No hay atajos. Tienes que procesar las emociones para poder renunciar y luego dedicarte a aprender y aceptar la persona que es tu hijo. Puede ser que no te lo agradezca ahora, o nunca. Sin embargo, sé por mi experiencia personal que la dicha de no estorbar y de observar cómo se convierte en la persona que Dios quiere que sea, es, en sí misma, una elocuente expresión de agradecimiento.

UN DESEO BUENO Y JUSTO

Los hijos necesitan padres que tengan ideas y metas para ellos. Deben permitirles exponerse a muchas ideas y participar en actividades e incluso soñar con algunas como campamentos, tenis, música, arte, jardinería, escritura creativa, cocina, carpintería, escribir un diario, entre muchas otras. Si los padres no incentivamos esto, probablemente ellos no descubrirán sus intereses, fortalezas, gustos y disgustos. Tampoco sabremos los diferentes aspectos de su vida que podrían agradarnos. Pero no debemos soñar por ellos sin ellos. No podemos dejarlos por fuera del plan.

Es bueno que nuestros hijos prueben muchas actividades a lo largo de su infancia. Es una parte importante de la exploración y el descubrimiento de sus talentos, de lo que les gusta y lo que no. Además de los deportes y la música, inscribimos a nuestros hijos a un club donde podían explorar toda clase de actividades: cocina, costura, colección de recortes, carpintería, fotografía, arte y liderazgo, entre muchas otras. Nuestros hijos practicaron algunas durante uno o dos años, y luego las abandonaron. Otras se convirtieron en pasatiempos y aficiones que todavía disfrutan en la actualidad.

¿Qué podemos decir acerca de abandonar una actividad? Como padres, siempre es difícil saber cuándo es cuestión de compromiso o cuándo es mejor abandonar una actividad. He aprendido que resulta una decisión más sencilla cuando conozco bien a mi hijo. Anne recibió clases de piano durante varios años, pero no tenía facilidad para ello. En los últimos años escolares, cuando nos pidió abandonar el piano, sentimos que se había esforzado lo suficiente pero había llegado el momento de dejarlo. Tiempo después, ella descubrió su voz y continuó disfrutando la música por medio del canto. Por el contrario, Evan era un pianista increíble. Tocaba bien, y tenía una gran facilidad para hacerlo. Cuando nos preguntó si podía abandonar el piano, sentimos que se trataba nada más de una etapa y que necesitábamos impulsarlo para superarla. Le dejamos hacer una pausa un verano y cambiamos las estrategias de motivación cuando retomó al piano en el otoño. ¡Eso bastó para impulsarlo a seguir!

La mayoría de las veces, cuando nuestros hijos han querido abandonar una actividad, les exigimos terminar la temporada, sea cual sea la razón para hacerlo. Sin embargo, una vez rompimos esa regla. Cuando Austin estaba en sexto grado, tenía muchos deseos de jugar fútbol americano. Fue un anhelo de varios años, pero nos resultaba impensable que ese fuera un deporte adecuado para él (ni siquiera era de los que derriba a su hermano jugando en casa), de modo que lo pospusimos una y otra vez, con la esperanza de que su deseo se desvaneciera. Pero él fue persistente. Dado que no existían ligas en las escuelas de secundaria, al fin lo inscribimos en la liga de la ciudad. Estaba muy emocionado de poder comenzar.

Llegó llorando del primer entrenamiento. No le gustó para nada. Repasamos todas las actividades que se realizaban en el entrenamiento como correr, aprender a derribar al oponente, calistenia, y otras. Lo enviamos de nuevo al segundo día de entrenamiento. De regreso a casa lloró aún más. Empezó a pedirnos que lo sacáramos. Como no queríamos alentar esa actitud de renuncia, dijimos que no. El tercer y cuarto día fueron la repetición del primer y segundo día. El quinto día empezamos a ver señales de estrés. Se mordía las uñas, lloraba durante el día, y tenía miedo de ir al entrenamiento. Mark y yo hablamos al respecto y decidimos que nada justificaba la angustia que esto le producía a nuestro hijo. Teníamos que dejar atrás el fútbol. El quinto día nuestro hijo lo abandonó para siempre. Nos preocupaba llegar a lamentar esa decisión, pero nunca fue así.

A veces tenemos que soñar por nuestros hijos y alentarlos en cierta dirección. Esto sucedió con nuestro hijo que había tenido

....

aquel trauma con el fútbol americano años después al entrar en la secundaria. Esta vez se trató de la música.

A Austin le encanta la música. Para cuando ingresó a la secundaria, él podía tocar muchos instrumentos que había aprendido prácticamente por cuenta propia. Empezaba a escribir música y era miembro del equipo de adoración de la iglesia. Al final de su octavo grado tenía que inscribirse en las clases de la secundaria. Le dijimos que tenía que tomar un semestre de coro. Eso no le gustó. Le explicamos que nos parecía que tenía una carrera musical por delante y que debía ser un músico más completo. Un semestre de coro no le hace daño a nadie, y podría ser una buena experiencia. Insistimos a pesar de toda su oposición.

Él empezó su primer año de secundaria y se quejó del coro cada día durante la primera semana. Lo detestaba. Le parecía tonto. Estaba enojado por gastar su tiempo en esa tonta clase. Le dijimos que tenía que terminar un semestre y que no le dábamos la opción de abandonarla. (Para ser sincera, ¡casi me gana el cansancio que me produjo su oposición!) Él siguió quejándose la segunda semana de clases pero no con tanta intensidad.

Para la tercera semana mencionó un par de veces algo que cantaban. La cuarta semana habló acerca de un nuevo amigo en el coro. Al final del semestre se inscribió para el segundo. Cuatro años después, puedo afirmar que el coro fue fundamental en su experiencia de la secundaria. Fue miembro de un grupo selecto masculino *a capella*, participó en madrigales, fue protagonista de un musical en su segundo año, y empezó a liderar la alabanza en la iglesia cuando cumplió dieciséis. Si no hubiéramos soñado por él, es probable que nada de esto hubiera sucedido. Nosotros le prestamos nuestra visión, y Austin la tomó como punto de partida.

Después de introducir en el mundo de Austin la temporada en

> *Debemos cuidarnos de no convertir un buen deseo en un capricho cuando soñamos acerca de nuestros hijos.*

el coro, Mark y yo nos preguntamos por qué se había resistido tanto. Al sintonizarnos con nuestro hijo menor y observarlo de cerca, pudimos darnos cuenta de que es un joven de rutinas al que no le agrada el cambio. Tampoco le gusta intentar nuevos retos delante de otras personas. Él se sentía cómodo probando un nuevo instrumento a puerta cerrada. Cuando ha logrado ser experto en algo, entonces está dispuesto a mostrarlo a otros. El coro requería perfeccionamiento en público. Entender esto acerca de Austin fue clave para permitirle ser él mismo, pero también saber cuándo se "requería" una simple oportunidad que le abriera puertas para su futuro.

¿Cómo podemos saber que nuestros sueños son buenos para nuestros hijos? Hay cuatro preguntas que puedes plantearte:

1. ¿Trato de cumplir mi propio sueño a través de mis hijos? (¿Deseé siempre tener esta oportunidad pero no se me permitió cuando fui niño?).
2. ¿Aliento a mis hijos en esa dirección porque veo en ellos un talento que ellos no pueden ver? (¿Puedo permitirles probar algo y aceptar que les guste o no?).
3. ¿Poseen todo lo necesario para poder disfrutar esta actividad? (Recuerda cómo a Koyla le encantaba correr pero no le gustaba competir).
4. ¿Hay algún motivo oculto por el cual ellos se resistan? (Recuerda la reticencia de Austin a intentar nuevas cosas en público).

El escritor Paul Tripp señala que debemos cuidarnos de no convertir un *buen deseo* en un *capricho* cuando soñamos acerca de nuestros hijos. Sin darnos cuenta, una buena intención se puede convertir en un capricho cuando nuestras propias emociones se entremezclan con el sueño. Nuestra esperanza se vuelve decepción cuando nuestros hijos no hacen lo que queremos. Sin saberlo, estos son los pasos que nos arrastran del deseo provechoso al deseo caprichoso:[10]

Un deseo legítimo para nuestros hijos: Quiero que mi hijo _____
Se vuelve una exigencia: Tengo que _____
Se vuelve una obligación: Tendré que _____
Se vuelve una expectativa: Deberías _____
Se vuelve una decepción: Tú no _____
Se vuelve un castigo: Por lo tanto, voy a _____

He aquí un ejemplo en el que experimenté la transformación de mi deseo legítimo en una obligación: **yo quería** que mi hija se hiciera amiga de una niña nueva del grupo de jóvenes. Yo consideraba que mi hija era una persona segura, y yo siempre he tenido un corazón inclinado a los niños nuevos. De modo que este era para mí un deseo legítimo y sensato.

Ella se resistió y protestó diciendo que solo quería estar con sus amigas. En lugar de escucharla y respetar su opinión, o de hablarle con calma acerca de por qué me parecía que ella debía hacerlo, le dije en tono exigente: "**Tienes que** ser su amiga. No quieres que ella este sola, ¿verdad? ¡**Debes** ser amigable con todas las personas nuevas!".

Cuando mi hija se empecinó aún más y dijo que yo no entendía, mi deseo legítimo pronto se convirtió en una **exigencia**. "No tienes opción. ¡Es lo correcto y tienes que hacerlo! Los Savages somos amigables con todas las personas". El deseo legítimo que era provechoso para mi hija hacía tan solo unos minutos se había convertido en algo que yo la obligaba a hacer **por mí**. ¿Notas el cambio?

Cuando mi hija no respondió como yo esperaba, empecé a comportarme como si esto fuera ahora una **expectativa**. Ya no era un deseo y ni siquiera una necesidad. Era algo que esperaba de ella.

_____
10. Paul Tripp, serie de vídeos "How to Be Good and Angry".

....

Mientras esperaba que mi hija me diera la razón, empecé a experimentar dentro de mí emociones negativas. Vino la **decepción**. Me sentía decepcionada de ella pero también de mí misma por no haber sido capaz de convencerla de hacer lo que me parecía lo correcto. El peso de este sufrimiento emocional me impedía comunicar con tranquilidad la destreza que yo deseaba que ella aprendiera. De modo que la **castigué** con mi enojo. Digamos que este no fue uno de mis mejores momentos como madre.

Como padres tenemos el derecho a tener expectativas en cuanto a las habilidades que deseamos que nuestros hijos aprendan y las cosas que deseamos que disfruten. Los conocemos y, por experiencia, sabemos lo que nos ha traído satisfacción. Sin embargo, tenemos que escuchar a nuestros hijos. Tenemos que honrarlos teniendo en cuenta sus deseos e intereses legítimos, al igual que sus etapas de desarrollo y momentos de la vida. Esto no significa que siempre logren lo que quieren. Eso no les conviene. Tampoco nos conviene a nosotros obtener todo lo que queremos. Cuando tú y yo creemos que nuestro "deseo" legítimo es correcto, debemos hablar al respecto con nuestros hijos. También tenemos que ser ejemplo con nuestra conducta y evitar convertir un buen deseo en un capricho.

Han pasado casi diez años desde que tuvimos con mi hija aquella conversación acerca de mi "capricho". He crecido un poco desde entonces, y ella también. En retrospectiva, me doy cuenta ahora de que yo esperaba de mi hija más madurez de la que podía tener entonces. Era comprensible que yo esperara de ella una actitud amigable hacia los nuevos del grupo, pero esperar que ella se comportara como yo lo haría a mis treinta y nueve años era completamente ingenuo. Mi hija es ahora madre, y siempre tiene el cuidado de acoger a las personas nuevas cuando las ve. A los veintidós ya era experta en eso. Cuando tenía doce años, era un concepto nuevo para ella. Lo que se busca es progreso, y puedo en verdad decir que hemos progresado en este aspecto.

....

Máscaras

Hoy día es fácil fingir. Si no tenemos cuidado, podemos criar a nuestros hijos con una mentalidad de Photoshop, pensando que las cosas pueden cambiar con solo oprimir un botón. Creer que podemos encontrar un lugar mejor para nosotros y que por eso no necesitamos arrancar las malezas de nuestra propia realidad también constituye una actitud ingenua y peligrosa. La crianza supone arduo trabajo y tenemos que reconocer que cometeremos errores. Yo les digo a las mujeres que cada uno de nosotros dará a nuestros hijos algún motivo para pedir una cita en el psicólogo. Cuando esto sucede, es importante que nos quitemos las máscaras y que aun nuestros hijos nos conozcan tal como somos. Decir: "Lo siento. ¿Por favor me perdonas?" puede ayudar mucho en la relación entre padres e hijos.

Ponernos máscaras impide conocer a otros y que otros nos conozcan. La falta de sinceridad no hace bien a nadie, ni a tus hijos ni a ti. Ser vulnerable es aterrador, pero es la columna vertebral que fortalece las relaciones saludables. Cuando tú te conoces a ti mismo y permites que otros te conozcan, es más fácil conocer a tu pareja y a tus hijos.

Lo digo por experiencia. En mis primeros años como madre no estaba muy sintonizada conmigo misma en términos emocionales. Si lloraba, lo hacía en privado. Cuando me sentía triste, reprimía mis sentimientos. Temía hablar sinceramente con mis hijos acerca de mis luchas porque no quería agobiarlos. Por supuesto que cuando son pequeños, esto es conveniente. Sin embargo, a medida que crecían yo desaproveché la oportunidad de darme a conocer a mí misma, a mi esposo y a mis hijos.

Solo cuando mi esposo experimentó su crisis de media vida y se fue de casa por tres meses, me di licencia para darme a conocer. En ese momento mis hijos tenían entre quince y veintitrés años, y no podía protegerlos de este dolor en sus vidas. Solo podía llorar con ellos. En este período oscuro aprendí el valor de la vulnerabilidad.

....

Quitarme mi máscara me permitió darme a conocer y, por ende, conocer mejor a mis hijos. Si tus hijos son pequeños, empieza poco a poco a "darte a conocer" en tu matrimonio y amistades. A medida que tus hijos crecen, ofréceles el don de ti mismo, de tu yo real e imperfecto, que es precisamente lo que ellos necesitan.

¿Quién soy?

Los niños necesitan saber quiénes son en realidad, al igual que nosotros. Esto incluye fortalezas y debilidades sin caer en exageraciones. Su verdadera identidad que Dios ha escogido para ellos, y que los padres despiertan y desarrollan, es lo que necesitamos conocer a fin de determinar por qué ellos nos agradan.

La identidad se define con la pregunta "¿Quién soy?". Es importante porque la identidad gobierna el comportamiento. Aquello que los hijos piensan que son es lo que serán. Si saben que son creativos, no temerán cuando un profesor les asigne una tarea especial. Si saben que son capaces, no se inquietarán cuando tengan que trabajar solos en un proyecto.

¿Dónde obtienen los hijos las respuestas a la pregunta "¿Quién soy?"? Hay varias fuentes, entre ellas:

- Lo que les decimos y lo que callamos acerca de ellos.
- Lo que nos oyen decir a otros acerca de ellos.
- La manera como reaccionamos a ellos.
- Parientes, compañeros, y maestros (pero los padres siempre ejercerán la influencia más poderosa sobre la identidad de los hijos).

Así es como esto puede verse en la vida real. Si mi hijo camina hacia mí llevando algo que me parece demasiado para él y exclamo: "¡Ten cuidado! ¡He dicho que tengas cuidado! ¡Mira lo que estás haciendo!", él puede llegar a la conclusión de que yo pienso que es descuidado y torpe. Ahora bien, ya que la identidad gobierna el comportamiento, en realidad es más probable que dañe o deje caer algo. Puesto que ayudamos a formar la identidad de los hijos, debemos tener cuidado con lo que decimos y con lo que callamos. Ambos cambian vidas.

Si mi hijo, después de caminar hacia mí, no deja caer nada y pone todo en su lugar con cuidado, convendría decir: "Fuiste cuidadoso y atento, gracias". Estas palabras dan vida. Sin ellas, él se queda con la idea de "descuidado y torpe". Así, cuando alguien dice: "Cuéntame de ti", él puede contestar: "Soy cuidadoso y puedo llevar muchas cosas a la vez".

¿Quieres fortalecer la identidad en tu familia? Intenta practicar este ejercicio: cada miembro de la familia escribe entre quince y veinte afirmaciones que empiecen con "Yo soy". Los niños pequeños pueden dictarlas a alguien mayor. La mayoría de los niños pequeños se definen por aquello que les gusta y aquello que no les gusta. En sus listas encontrarás afirmaciones como "Me gusta el espagueti" y "No me gusta Marina". Eso explica por qué es tan importante cuando algo les gusta o les desagrada.

Realiza el ejercicio con tus hijos sin darles explicaciones, porque eso podría afectar el resultado. Después, observa lo que incluyeron, o no, en sus listas. Esto te puede ayudar a poner en su justa medida los aspectos negativos y extraer las fortalezas. También puede ser muy revelador para ti hacer una lista para cada hijo. Si tienen edad suficiente, puedes pedirles que hagan una lista acerca de ti. Comparar la manera en que nos vemos a nosotros mismos con la manera en que otros nos ven es muy revelador. Esto puede motivar conversaciones sinceras. La palabra escrita es poderosa. Formula preguntas como estas cuando mires tu lista y las de tus hijos:

- ✿ ¿Es exacta cada afirmación?
- ✿ ¿Es cada declaración verdadera en el presente? (O tal vez

....

ellos contestaron, sin darse cuenta, las preguntas "¿Quién era yo?" y/o "¿Quién quiero ser?").

❧ ¿La identidad se expresa más en términos positivos o negativos? (Cuando Kathy ha hecho este ejercicio con niños y adolescentes, algunos han escrito hasta dieciséis frases negativas de un total de veinte. Obviamente, no escribir ninguna negativa tampoco es provechoso ni realista. En ese caso, probablemente, negamos la verdad, desconfiamos de nuestros familiares y no revelamos lo que somos en realidad, o tememos darnos a conocer. Kathy bromea con su público en vivo diciendo que cualquiera que tiene todas las afirmaciones positivas debería añadir la número 21 como la primera negativa: "Soy orgulloso").

❧ ¿Hay algo significativo respecto al orden de las afirmaciones? (Por ejemplo, si estás criando a tus hijos para que den prioridad en sus vidas a su relación con Cristo, podrías buscar este aspecto en los primeros lugares de la lista. Si no está allí, tal vez tu meta no sea tan clara para tus hijos como tú crees). También conviene observar si ocho de las diez primeras declaraciones son negativas. En ese caso, habrán dado prelación a lo que está mal y no a lo que está bien. Esto podría indicar que tú hablas con ellos más acerca de las cosas que te molestan o te preocupan. Esto podría explicar por qué creen que tú esperas de ellos perfección.

❧ ¿Es su identidad completa o estrecha? Por ejemplo, ¿incluyen declaraciones acerca de su identidad emocional, social, intelectual, física y espiritual? ¿Se relacionan estas declaraciones con el hogar, la familia, la iglesia, los estudios, los deportes y los amigos?

Hacer este ejercicio un par de veces al año puede ser una manera divertida de conocer a cada miembro de la familia. La doctora Kathy conoce niños que han podido revelar sin temor a sus padres nuevos intereses gracias a estas listas y a las conversaciones que suscitan.

APLICA LOS ANTÍDOTOS

Si nuestra meta es erradicar la infección de la perfección de nuestra crianza, debemos conocer a nuestros hijos y asegurarles que ellos son de nuestro agrado. Aplicar los antídotos es uno de los mejores puntos de partida para permitir a nuestros hijos ser ellos mismos. Veamos cómo podemos, en la práctica, conocer y apreciar a nuestros hijos por medio de la compasión, la atención, la aceptación y el amor.

Compasión

1. Regálate un poco de compasión. Tú estás aprendiendo a la par con tu hijo. A veces avanzamos dos pasos y retrocedemos uno cuando intentamos implementar las nuevas estrategias para afirmar a nuestros hijos y conocerlos realmente. Festeja cuando alcances un logro y concédete gracia y compasión cuando no es así.

2. Brinda compasión a tus hijos. Esfuérzate para que sepan que tú los has escuchado y que valoras su perspectiva. Ponte en sus zapatos cuando están desanimados. Resiste el impulso de expresar tu desacuerdo cuando hablan acerca de ellos o te cuentan algo.

Atención

1. Presta atención a las señales sutiles del comportamiento de tu hijo. ¿Qué comunica tu hijo a través de su comportamiento? ¿Qué quiere decir tu hija con sus acciones?

2. Presta atención a las actividades, los desafíos y los intereses que traen alegría a tu hijo. Toma nota de ellos para ofrecerle más actividades que él o ella pueda disfrutar.

Aceptación

1. En lugar de manifestar desacuerdo con los intereses de tus hijos o de llegar a ignorarlos cuando no son de tu interés, acepta lo que a ellos les gusta en ese momento. Recuerda: los intereses de los hijos pueden cambiar en cualquier momento. No todo lo que les interesa ahora les interesará el próximo año. ¡Tu interés les brinda la seguridad no solo de que los amas sino de cuánto te agradan! Acepta lo que a tus hijos les gusta en este momento.

2. Acepta las cosas que te gustaría cambiar en tus hijos. Uno de mis hijos tenía una "mantita" adorada. Cuando estaba en la escuela, yo consideré que ya era hora de dejar su manta especial, pero ella no quiso. Al final yo acepté que esto era importante para ella y la dejé tenerla. Ahora tiene veintidós años, está casada y es madre, y todavía tiene su mantita. ¡Fue algo totalmente inofensivo! Acepta aquello que desearías cambiar en tus hijos.

Amor

1. La Biblia nos manda hacer "todo con amor" (1 Co. 16:14). Pídele a Dios que te ayude a manifestar amor la próxima vez que estés decepcionado o enojado. No lo harás a la perfección, ¡pero sí avanzarás en ser más como Jesús! Haz todo con amor.

2. Escoge una palabra de 1 Corintios 13, el "capítulo del amor", para enfocarte. Algunos ejemplos son paciencia, bondad, confianza, esperanza o perseverancia. Enfócate en extender tu amor constante en una de estas áreas en la crianza de tus hijos.

¿SOY DE TU AGRADO?

Max Lucado dice: "Estudia a tus hijos mientras puedas. El regalo más grande que puedes dar a tus hijos no es tu riqueza, sino revelarles a ellos la suya propia". A este pensamiento añado que debemos esforzarnos para reconocer las propias riquezas de nuestros hijos. Fíjate más en los aspectos positivos de tus hijos en lugar de fijarte

....

en lo que necesitan mejorar. Enterremos nuestros sueños y procuremos conocer los de nuestros hijos. ¡Si somos capaces de hacerlo, podremos aplaudir lo que ellos son realmente!

CAPÍTULO 4

¿SOY *importante* PARA TI?

"**M**ami, ¿me arropas?'". Estas palabras fueron alguna vez parte de mi rutina de cada mañana. Ahora prácticamente no las escucho. Mi joven de dieciséis años, de vez en cuando me permite sentarme en su cama y hablar, pero definitivamente no lo hace cada noche, y rara vez lo pide con palabras.

Admito que antes solía exasperarme con estas palabras porque al final del día, por lo general, yo estaba agotada. Había tenido suficiente crianza. Suficientes necesidades atendidas. Suficientes deberes. Suficiente. Suficiente. Suficiente. Quizá tú te encuentras ahora en esta etapa de la vida.

Aún así, a pesar de estar exhausta, pasaba por alto mi agotamiento y arropaba a mis hijos, los abrazaba conforme a su edad y su etapa en la vida. ¿Por qué? Porque sabía que en lo profundo de su alma se hacían una pregunta que yo quería responder con un sí rotundo: "Mami, ¿soy importante para ti?".

LA IMPORTANCIA DE SENTIRSE IMPORTANTE

La medida en que los hijos se sienten importantes puede determinar todo lo demás. La raíz de muchos comportamientos positivos y negativos se forma según se sientan o no importantes y valorados. Por supuesto que esto se basa en la primera pregunta que exploramos (¿Soy de tu agrado?), porque si sentimos que agradamos a alguien, nos sentimos importantes para él o ella.

Piensa en esta verdad desde una óptica personal. Cuando no te sientes importante, ¿te sientes confiado o no?, ¿en paz o no?, ¿cómodo?, ¿sociable?, ¿amable?, ¿comprometido? ¿Ves cómo tus acciones y comportamiento se afectan conforme te sientes importante?

Los niños que no se sienten importantes pueden sufrir muchos problemas porque para ellos la excelencia es irrelevante. Cuando perciben que nadie cree en ellos, no creen en nada. Son más propensos a sufrir abusos porque parecen débiles. Es más difícil que tengan buenas relaciones con otros, y más común que exista rivalidad entre hermanos.

Los amigos y la familia no importan, de modo que agradarles carece de valor para ellos. También es más probable que descuiden sus estudios ya que los logros escolares son irrelevantes. Si queremos hijos saludables y exitosos, debemos ayudarles a no poner en duda su valor. Sentirse importante es lo que alimenta la excelencia. También es la protección contra la perfección, porque ellos sentirán que su valor no depende de sus logros. No tienen que ser perfectos para sentirse bien consigo mismos.

Como es de suponer, existe el otro lado de esta realidad. ¿Qué sucede si alguien se siente demasiado importante? Este "orgullo de posición" también es un problema, ¿no es así? Ser el número uno todo el tiempo puede ser agotador. Nos obliga a menospreciar a otros y a desestimar sus logros. Puede hacer que nos cerremos a las enseñanzas y los consejos de otros. Sentirse obligado a ser el "número uno" aumenta el estrés, porque siempre tenemos que sentirnos más importantes que otros. Solo queremos pasar tiempo con personas que nos parecen menos importantes que nosotros. Podemos volvernos críticos y, a la larga, muy solitarios.

·········

Descubrimos entonces que Ricitos de Oro y los tres ositos vuelven a ser relevantes: queremos que nuestros hijos tengan la medida justa de importancia. Ni muy poco ni demasiado, sino la medida justa.

LOS HIJOS SÍ SE SIENTEN POCO IMPORTANTES

En muchos de los programas estudiantiles de Kathy, ella enseña acerca de la identidad. Cuando hace esto, Kathy invita a los niños y adolescentes a repetir en voz alta: "Yo soy importante, especial y valioso". En los grupos cristianos, ella los hace entender esta verdad con las siguientes palabras: "Tú no eres más importante que otros. Tampoco eres menos importante. Eres importante, al igual que cada persona. Dios no tenía la obligación de hacerte, pero así lo quiso y lo hizo.[11] Eso te da valor. No solo eso, sino que Él te hizo exactamente como Él quería que fueras.[12] Eso también te da valor. Y Jesús cargó voluntariamente con tu pecado y murió en tu lugar para que, mediante la fe en Él, pudieras ser rescatado de una vida sin sentido y encontraras la vida, el gozo y el verdadero propósito de vivir para siempre con Él.[13] ¡El sacrificio de Jesús te da valor! Sonríe y repite después de mí: 'Yo soy importante, especial y valioso'. Sonríe y dilo: 'Soy importante, especial y valioso'".

Algunas veces, después de esta experiencia, los niños y los adolescentes aplauden. Algunos buscan ansiosamente saber que sí son importantes. Necesitan saber que son importantes. Desafortunadamente, la gran mayoría de ellos no lo saben.

En ocasiones, después de haber participado en su programa, los niños se acercan tímidamente a Kathy con este clamor del corazón:

—Doctora Kathy, ¿puedo decirle algo?

—Por supuesto.

---

11. Isaías 64:8; Salmo 139:13.
12. Salmo 139:14; Efesios 2:10.
13. Juan 5:24; Romanos 5:8; Efesios 2:8-9.

—Eh… yo sé que soy importante. Creo que a usted y a mí nos alegra saberlo. Pero no me *siento* importante en casa.

Cuando estos jovencitos se acercan a Kathy para hablar, es evidente el dolor en sus rostros. A veces corren lágrimas. A veces se dan vuelta rápidamente y se alejan después de confesar al fin su doloroso secreto. A veces reciben un abrazo de Kathy y siguen hablando con ella antes de ponerlos en contacto con alguien que pueda ayudarlos, si es el caso.

La mayoría de los chicos que hablan con Kathy dicen que no se sienten importantes en casa o en sus familias. Algunos también le han confesado sentirse insignificantes en la escuela y en la iglesia. ¿Qué de nuestros hijos? ¿Dirían ellos que con frecuencia, a veces, o nunca se sienten insignificantes en tu familia? ¡Si tus hijos son lo bastante mayores y tú lo bastante valiente, anda y pregúntales! ¡Sus respuestas serán reveladoras!

No saber que eres importante conlleva una gran medida de desesperación. Saber que eres importante pero no sentirlo puede ser difícil de asimilar. Uno de los mayores peligros, cuando los hijos no se sienten importantes, es que no se sienten necesarios, deseados o indispensables. Entonces la vida tampoco parece indispensable. Sin embargo, nosotros podemos cambiar la manera en que ellos se sienten, aun si a menudo se han sentido insignificantes. De hecho, es nuestro deber hacerlo.

Dado que los sentimientos dirigen el comportamiento, empieza examinando con valentía tus propios sentimientos y acciones hacia ti mismo y hacia tus hijos. Cuán importante crees que eres es algo que influye en tu comportamiento. Cuán importantes sean tus hijos para ti determinará tu comportamiento hacia ellos. Es diferente del amor. Se trata de asignarles un valor apropiado, no solo porque son tus hijos sino porque son personas que merecen de ti lo mejor. Dios te los ha confiado. Concede a tus hijos el valor justo porque son personas que merecen lo mejor de ti.

………

A veces la razón por la cual no tenemos éxito cuando tratamos de cambiar nuestro comportamiento es porque no hemos procurado descubrir las creencias subyacentes que guían nuestras propias decisiones y relaciones. Hacer esto exige humildad (puede ser que necesitemos cambiar algo), valentía (puede que no nos guste lo que descubramos), confianza (estamos rodeados de personas buenas que pueden ayudarnos a entender lo que debemos hacer), y gracia (no somos padres terribles aunque no seamos perfectos). Siempre empieza con nosotros, ¿no es así?

UN EXAMEN INTERIOR

Dios no nos ha dado hijos para satisfacer nuestras necesidades. Pero, incluso en las mejores familias, pueden resultar en la posición de intentar a veces hacerlo. Aun así, si al parecer los hijos satisfacen nuestras necesidades por un momento, en otro puede que sean incapaces de hacer aquello para lo cual no han sido creados. Si esto ocurre, sentiremos que nuestros hijos nos han defraudado. Podemos enojarnos y culpabilizarlos. Este es un modelo perjudicial, por lo que espero que podamos reconocerlo con mayor prontitud cada vez que se presenta, y que hagamos un cambio. No hemos recibido a nuestros hijos para que satisfagan nuestras necesidades.

¿Cuáles son nuestras necesidades esenciales? Veremos cinco de ellas.[14]

Necesitamos seguridad. (¿En quién puedo confiar?). Tenemos la tendencia a pensar en el escenario ideal: *Mis hijos no me decepcionarán. Puedo confiar en que se comportarán bien y me harán quedar bien.* Pero ¿cómo enfrentamos la realidad cuando nuestros hijos toman decisiones dañinas, nos respon-

14. El libro de la doctora Kathy *Finding Authentic Hope and Wholeness: Five Questions That Will Change Your Life* (Chicago: Moody Publishers, 2005) explica en gran detalle estas cinco necesidades básicas.

den con insolencia y los descubrimos mintiendo? Nuestra seguridad no puede depender de nuestros hijos. **Necesitamos identidad.** (¿Quién soy yo?). Por naturaleza sentimos: *Me encanta ser madre o padre. Es lo mejor que he hecho en la vida.* Sin embargo, cuando nuestros hijos nos decepcionan, tal vez no estemos tan dispuestos a divulgar nuestra identidad como padres de esos hijos. Además, no debemos limitar nuestro sentido de identidad a nuestro rol de padres. La identidad limitada conduce a una pertenencia limitada. ¡También somos esposos, esposas, hijas, hijos, amigos, colegas, y miembros de una iglesia! Procura no usar fotografías de tus hijos como tu perfil de Facebook. Usa más bien una fotografía de ti mismo. Tu identidad debe ser tuya nada más, independiente de tus hijos.

Necesitamos pertenencia. (¿Quién me quiere?). Queremos creer: *Mis hijos siempre me van a querer. Siempre desearán que esté cerca. Todas las demás personas palidecen en comparación con ellos.* Pero la realidad es que nuestros hijos van a separarse de nosotros porque crecen y dejan su casa, o algunas veces, por causa de sus decisiones decepcionantes, ponen distancia entre nosotros. Aunque nuestros hijos pueden, en efecto, amarnos, podemos sentir que "no nos quieren". Si el sentido de pertenencia de los padres está ligado únicamente a sus hijos porque han desestimado otros roles (amigo, miembro de iglesia, etc.), pueden sentirse solos. La presión que sienten los hijos puede ser enorme e impedirles avanzar.

Necesitamos propósito. (¿Por qué estoy vivo?). Es fácil, pero peligroso, atribuir todo nuestro propósito al hecho de ser padres: *Vivo para amar a mis hijos y ayudarles a tener una buena vida. Nadie más puede hacer esto aparte de mí.* Si bien una buena crianza puede ser uno de nuestros mayores logros, cuando no podemos depender de nuestros hijos para obtener seguridad, identidad y pertenencia, pondremos en duda si realmente podemos cumplir nuestro propósito: "Estoy seguro de que no lo estoy haciendo bien. Ellos mintieron. Yo no los eduqué para que fueran así. Ya no es tan divertido estar con ellos como solía serlo antes. A veces actúan como si ni siquiera me conocieran. Ya no sé cuál es mi propósito". **Necesitamos sentirnos capaces.** (¿Qué hago bien?). Todos tenemos la necesidad de ser competentes en algo. En esto tampoco es sabio confiar únicamente en nuestro papel de padres y en nuestros hijos: *Soy una buena madre. Conozco a mis hijos y sé cómo ayudarlos.* Cuando nuestros hijos cometen errores y cuestionamos nuestras habilidades porque ellos no responden de la manera como se espera, esta necesidad queda insatisfecha. Sentiremos que no somos tan buenos padres como habíamos pensado. Podemos sentirnos desolados.

Por importante que sea el hecho de ser padres, tratar de suplir nuestras necesidades legítimas con nuestros hijos y solamente en nuestra labor de padres ejerce presión sobre ellos y sobre nosotros. Si queremos pertenecer a algo, traemos a nuestra hermosa hija para llamar la atención de las personas. Si queremos sentirnos capaces, nos aseguramos de que nuestro hijo sea protagonista en el equipo ganador de fútbol. Podemos incluso llenar nuestra necesidad legítima de pertenencia por medio de nuestros hijos que tienen muchos amigos y pertenecen a muchos grupos escolares. Vivimos indirectamente a través de ellos. Cuando satisfacemos nuestras necesidades a través de nuestros hijos, nos volvemos más sus amigos que sus padres. Esto casi garantiza, tarde o temprano, una ruptura conforme aumenta la presión sobre ellos para que sean perfectos y no nos decepcionen, y para desempeñar un papel al que no han sido llamados. Los padres sabios se cuidan de caer en el hábito de suplir sus necesidades con sus hijos.

....

Es también aquí que nuestra relación con Dios cobra mayor importancia. Solo Dios nos ofrece verdadera seguridad, identidad, pertenencia, propósito, confianza y capacidad que perduran. Solo Él puede satisfacer todas nuestras necesidades. Nuestros hijos necesitan que encontremos nuestro valor y dignidad en nuestra relación con Dios. Solo mediante nuestra experiencia podemos presentar a nuestros hijos a Aquel que satisfará igualmente todas sus necesidades. Si una relación con Jesucristo no ha sido importante para ti hasta este momento de tu vida, considera cuán importante es ahora que estás influyendo en la siguiente generación. Que tú y tus hijos puedan tener el fundamento sólido de la fe que sirva para ti y para ellos toda la vida. Solo Dios puede satisfacer todas nuestras necesidades.

Los hijos pueden sentirse como proyectos inconclusos que sus padres intentan terminar o problemas que intentan resolver en lugar de niños en proceso de crecimiento.

Cuando nuestros hijos quedan libres de la expectativa de satisfacer nuestras necesidades, pueden ser ellos mismos. Pueden arriesgarse a cometer errores y cambiar de opinión en su proceso de descubrir quiénes son. Pueden sentirse importantes en este mundo sencillamente porque fueron "creados... formados en el vientre de [su] madre" por el Creador del universo que tiene un propósito maravilloso para sus vidas (Sal. 139:13). Esa sola perspectiva ayuda a los hijos a sentirse sumamente importantes.

TÚ PUEDES AYUDAR A TUS HIJOS A SENTIRSE IMPORTANTES EN LA JUSTA MEDIDA

¿Qué lleva a los hijos a sentirse insignificantes en sus propias familias y qué podemos hacer al respecto? Gracias a Dios hay razones que nos ayudan a entender esto y formas prácticas de tratarlo. A medida que lees las siguientes preguntas, decide cuáles son relevantes para ti y para tus hijos. Si no lo son, pásalas por alto. Si son relevantes para tu caso, intenta poner en práctica algunas sugerencias que presentamos u otras que tú mismo propongas, y aplica de forma simultánea y generosa los antídotos de compasión, atención, aceptación y amor.

Si crees que una pregunta puede ser relevante y que tus hijos ya tienen edad suficiente, puedes hablar con ellos al respecto. Si están de acuerdo, pídeles que te ayuden a mejorar. Si lo hacen con respeto, pueden ayudarte a cambiar tus hábitos. Puede que descubran que también necesitan hacer algunos cambios.

No te sientas abrumado al abordar estas preguntas. Selecciona aquellas que son relevantes para ti y pasa por alto las que no. Todos estamos aprendiendo juntos a honrar a nuestros hijos deseando lo que es mejor para ellos y cambiando la manera en que interactuamos con ellos a fin de mantener a raya la infección de la perfección.

¿Es mi hijo un proyecto inconcluso?

Cuando a los hijos se les señala constantemente que cambien, pueden llegar a la conclusión de que son personas defectuosas e inaceptables tal como son. A veces los niños le dicen a Kathy que se sienten como proyectos inconclusos que sus padres intentan terminar o problemas que tratan de resolver en lugar de sencillamente sentirse como niños en proceso de crecimiento. Si sientes que esto se aplica a tus hijos, puedes revertir la situación de la siguiente manera:

❖ *Enséñales a cambiar en lugar de decirles que cambien.* Recuerda: con los hijos gran parte se aprende por imitación, de modo que dar buen ejemplo del cambio que deseas ver en ellos es más eficaz que limitarse a señalarles el cambio que quieres que hagan. No descartes la posibilidad de darles una "lección" formal o de mostrarles con un ejemplo cómo cambiar. Por ejemplo, si tu hijo responde a su hermana en un tono agresivo, no te limites a decir: "No le hables así a tu

....

hermana". Más bien muéstrale cómo quieres que él use las palabras apropiadas que tú quieres, y el tono que te gustaría que él usara. Luego concluye diciendo: "Me gustaría que lo intentaras otra vez".

❧ *Asegúrate de no pedirles cambiar algo que no pueden cambiar.* Esto es algo que se percibe como rechazo. En ocasiones no pensamos cuidadosamente en nuestras palabras y podemos expresar de manera directa o implícita que ellos deben mejorar o cambiar algo cuando toda la evidencia en el mundo sugiere que no pueden hacerlo. Una vez, después de que Kathy comentó a un grupo de adolescentes cómo ella había logrado sentirse cómoda con su estatura, un joven le preguntó si sus padres le habían pedido alguna vez que fuera más bajita. Kathy no estaba segura de haber comprendido la pregunta, así que le pidió al joven que la repitiera. Kathy dijo: "No, eso hubiera sido imposible". Luego él respondió entre dientes: "Bueno, ellos me piden mejorar mis calificaciones, y yo creo que soy una C ("suficiente") permanente tal como usted es alta de manera permanente". A ella le sorprendió su comparación y de inmediato se entristeció por el sentimiento de rechazo que este joven sentía. Ten cuidado de no pedir a tus hijos que cambien algo que no es posible cambiar.

❧ *Afírmalos en sus fortalezas con un lenguaje específico para que te crean.* En lugar de decirles que son "buenos", describe lo que es bueno: su veracidad, su atención, su eficiencia, su amabilidad o su honestidad. Usa la palabra "porque" para añadir pruebas. Esto les facilitará creerte y aumenta la posibilidad de que imiten la cualidad positiva en el futuro. Por ejemplo, puedes decir: "Eres importante para nosotros porque eres de nuestra familia. Eres nuestro único hijo de nueve años, y tú eres parte de nuestra familia". Después de

....

revisar los deberes de tu hija puedes decir: "Eres una escritora creativa. Me reí al final de tu historia porque realmente me sorprendió". ¿Ves cuán poderosa es esa afirmación? Tú usaste un sustantivo, de modo que ella ya sabe: "Soy escritora". Usaste un adjetivo específico. Ella no solo es "buena" sino "creativa". Y tú presentaste la evidencia al decir que es creativa porque el final de la historia te sorprendió. Esto hace que le resulte más difícil dudar de tu elogio. Cuando ayudas a tus hijos a identificar fortalezas, ellos se sentirán más importantes y conectados contigo.

¿Presto más atención a mi hijo cuando se mete en problemas?

Los hijos se sienten insignificantes cuando reciben poca o ninguna atención excepto cuando se meten en problemas. Si nos percatamos de todo lo "malo" y pasamos por alto lo "bueno", pueden llegar a la conclusión de que ellos no son más que un estorbo. Cuando solo hablamos con ellos cuando se meten en líos, nos ven como jueces indiferentes. Esto los lleva a sentir que no son parte importante de nuestra familia, lo cual limita nuestra capacidad de ejercer una influencia positiva sobre ellos.

Si sientes que esto describe tu estilo de crianza, puedes:

❧ *Pasar tiempo con cada hijo sin una razón particular.* Esto le comunica cuánto te importa. Estar en el mismo lugar con él, incluso si no comparten una actividad juntos, también lo anima. Tal vez no te pida pasar tiempo contigo o hablar, pero él quiere hacer ambas cosas. Tal vez nunca diga "gracias", pero no se trata de que te den las gracias, sino de conocer a tu hijo, de brindarle atención y acogida.

❧ *Jugar juntos.* Jugar juntos para compensar los días en que los hijos se portan mal y tenemos que hablar con ellos acerca de las decisiones que toman. Programa un tiempo (no lo encontrarás de otra manera) para jugar fuera, en el parque o en casa. Construye un fuerte con ellos en lugar de conformarte con saber que lo están construyendo en la habitación de al lado. Conviértete en el invitado de honor de su hora del té. Pregúntale a tu hijo adolescente por qué le gusta cierto juego de vídeo. Lancen la pelota en el garaje. Regala siempre un nuevo juego de mesa en Navidad y juégalo con frecuencia. Recuerda que el juego también es provechoso para aprender habilidades de solución de problemas, creatividad, innovación, empatía y el desarrollo de fuertes cualidades del carácter.

¿Siente mi hijo que solo me importa lo que hace y no lo que piensa o lo que siente?

Si solo preguntamos a nuestros hijos acerca de lo que hacen y lo que logran, se quedan con la idea de que su desempeño es lo único que nos importa y nos agrada. Sin darnos cuenta, puede que les impongamos más presión y tal vez los llevemos a sentir que su función es alcanzar logros y mantenernos contentos y orgullosos de ellos. Pueden inferir que esa es la única importancia que tienen para nosotros.

Si observas este hábito en tu crianza, intenta poner en práctica algunas de las siguientes estrategias para expandir tus preguntas:

> ❧ *Escúchalos prestando completa atención, sin distraerte con tu teléfono en las manos.* A muchos hijos les gusta hablar en el auto porque te tienen cautivo. No puedes huir si hablan de algo difícil. También les gusta revelar sus pensamientos y sentimientos en el auto porque no puedes hacer contacto visual con ellos. De esta manera no pueden ver y recordar la mirada de decepción que podrías lanzarles. Aunque aprecies tu tiempo a solas y seas más eficiente haciendo las diligen-

cias sin ellos, llévalos de vez en cuando para aprovechar esas conversaciones con atención exclusiva. Cada vez que estás en el auto, resiste el impulso de hacer o recibir llamadas telefónicas. Sin proponértelo, atender el teléfono comunica a tus hijos que la persona que llama es más importante que ellos, y ese es un mensaje que tú no quieres transmitirles. Hablar en la oscuridad también puede funcionar muy bien. No se puede ver los ojos del otro y la oscuridad ejerce un efecto calmante. Arrópalos o quédate un rato con tus hijos mayores a la hora de dormir. Tal vez no quieras hablar en este momento del día, pero la verdad es que los niños tienden a hablar más en la noche. ¡Aprovecha esa oportunidad!

❧ *Pregunta a tus hijos lo que piensan.* Esto les hace comprender que te importa lo que piensan y valoras su opinión. Un niño contó a la doctora Kathy: "Cuando mi mami me pregunta qué opino de una canción en la radio o una de la iglesia y no demuestra su desacuerdo de inmediato ni intenta hacerme cambiar de opinión, me siento más importante. Esto me anima a seguir pensando y a valorar lo que pienso. No significa que yo no esté dispuesto a escuchar lo que mis padres piensen acerca de algo. De hecho, me resulta más fácil escuchar sus opiniones cuando ellos escuchan las mías". Pide a tus hijos sus opiniones e ideas.

❧ *Pregunta a tus hijos lo que sienten.* Esto les hace entender que su corazón te importa. Puesto que los sentimientos guían el comportamiento, debemos conocerlos. Por ejemplo, puedes preguntar: "¿Cómo te sentiste hoy en la escuela?". Al principio puede ser difícil preguntarlo. Puedes usar una lista de sentimientos para que ellos escojan algunos términos. Encontrarás una en el Apéndice A si necesitas un punto de partida. (Yo hago copias de esta lista para tener a mano y mostrarla a mi hijo cuando trato de ayudarle a expresar sus sentimientos. Le doy un lápiz y la lista y digo: "Señala lo que sientes". Le doy unos minutos para hacerlo y luego regreso para procesar con él sus sentimientos). Esto puede ser de gran ayuda especialmente para los varones que tienen tantas respuestas emocionales frente a la vida como las niñas, pero carecen de un sólido vocabulario emocional. Después de identificar su sentimiento, es excelente proseguir con preguntas como: "¿Qué suscitó este sentimiento?" y "¿Cómo respondiste cuando te sentías así?". Cuando has practicado estas preguntas durante un tiempo, tus hijos pueden comunicarte más libremente sus sentimientos. Esta es una forma de confirmar que ellos confían en ti. Puesto que los sentimientos guían el comportamiento, es imperativo conocer los sentimientos de nuestros hijos.

¿Siente mi hijo que considero seriamente sus preguntas?

Los hijos pueden sentirse insignificantes cuando no tomamos con seriedad sus preguntas. Muchos le han dicho a Kathy que una de las cosas que más les duele tiene que ver con esto. Después de que nuestros hijos formulan una pregunta a veces respondemos con: "No importa". Los niños le dicen a Kathy: "La pregunta era importante para mí o no la hubiera hecho. ¿Acaso no es importante solo por esto?".

Es fácil deshacerse de lo que nos parecen preguntas tontas en medio del ajetreo cotidiano, pero es importante que lo evitemos. Si te ves en esta misma situación, intenta aplicar una o varias estrategias como:

> ❖ *Responder de manera positiva y sincera.* Cuando respondemos diciendo: "Eso no importa", puede ser que estemos demasiado ocupados para hablar en ese momento. O tal vez ignoramos la respuesta, pero no queremos que nuestros hijos lo sepan. O tal vez no era adecuado responderla frente a otras

personas. Tal vez el niño era demasiado pequeño para asimilar la respuesta a la pregunta. Todas estas son razones legítimas, así que no hay razón para decir que "no importa". Es apresurado y, a decir verdad, a veces estamos sencillamente abrumados o nos da pereza. (Admítelo, date gracia contigo y ¡sigue adelante!). En lugar de descartar las preguntas de tus hijos, diles la verdad: "Esa es una buena pregunta. La responderé más tarde cuando tu hermana se acueste", "Está muy bien tener curiosidad. ¡Grandioso! Yo tampoco estoy seguro. Investiguemos la respuesta después de que haga esta llamada telefónica". Ambas son ejemplo de una respuesta positiva y sincera. Responde las preguntas de los hijos con tanta sinceridad como puedas, aun si debes reconocer que no sabes o tienes que postergar una buena respuesta.

✷ Anima a tus hijos a preguntarte acerca de tu día y tus actividades cuando tú les preguntas acerca de su día y sus actividades. No te ofendas si ellos no hacen preguntas, y más bien muéstrales que estás a su disposición cuando lo hacen. (Estar a disposición de los demás es una elección. Siempre hay algo más que podemos hacer u otras personas que podemos atender). Cuando los hijos preguntan, responde con detalles conforme a su edad. Busca oportunidades para usar estas conversaciones para hablar acerca de tus propias frustraciones, cosas que están fuera de tu control, gente difícil y errores que cometes. Cuando ellos te oyen hablar de tus imperfecciones y luchas, es más probable que hablen acerca de las suyas.

¿Siente mi hijo que hay una doble moral en nuestra familia?

Los hijos se sienten como ciudadanos de segunda clase en la familia cuando los tratamos como no queremos que ellos nos traten. Una doble moral no nos granjeará el cariño de nuestros hijos. Por ejemplo, Kathy ha observado que uno de los comportamientos que más se mencionan es interrumpir. Los hijos resienten cuando los interrumpimos y saben que la norma es que ellos no deben hacerlo con nosotros. Si ellos nos interrumpen, les señalamos cuánto nos desagradan. Sin embargo, si ellos reclaman cuando los interrumpimos, con demasiada frecuencia tratamos su queja con indiferencia. Eso lleva a que sus conversaciones parezcan menos importantes y los hace sentir inferiores.

Si descubres esta dinámica en tu relación de padres e hijos, puedes:

* *Enseñar a todos en tu familia a interrumpir respetuosamente.* Simplemente tocar el brazo o el hombro de la persona que está hablando y esperar. Cuando la persona hace contacto visual, sabrás que está lista para escuchar. Esto es difícil al principio, pero con el tiempo a todos les parecerá una forma eficaz de llamar la atención de alguien cuando está ocupado. Puedes usar esta nueva herramienta de comunicación en juegos de roles para que todos tengan la oportunidad de probarla y ver si en realidad funciona. Practiquen juntos cómo interrumpir de manera respetuosa.

* *Pedir disculpas cuando te equivocas.* Si no tienes la costumbre de respetar a tus hijos, pide disculpas cuando exiges de ellos algo que no es recíproco. Si hay razones legítimas para tener normas diferentes para tus hijos, explica las razones. Si no las hay, esfuérzate por actuar siempre de forma coherente.

* *Evitar irrespetar a alguien involuntariamente.* Por ejemplo, necesito hacer una pausa cuando espero que mis hijos hagan algo de inmediato. A mí no me agrada que me detengan y me ordenen cambiar de actividad sin darme algún preaviso. Aprendí que un aviso de cinco minutos era útil y respetuoso para mis hijos. "¡Cinco minutos para la cena! Por favor estén listos para detenerse y comer en cinco minutos". O: "En diez

minutos es la hora de acostarse. En unos minutos tendrán que dejar de jugar y ayudar a recoger los juguetes".

¿Permito a mis hijos expresar sus opiniones o ideas en las actividades familiares?

Los niños comentan a la doctora Kathy que se sienten insignificantes e inútiles cuando nunca les preguntan su opinión acerca de lo que la familia hace, y cuando nunca se les permite realizar actividades de su elección. A los niños de voluntad firme les conviene especialmente que los involucremos *Busca oportunidades* y aceptemos sus ideas, según convenga. Dar- *para involucrar a* les órdenes constantemente puede llevarlos a *tus hijos en algunas* protestar y a sentirse invisibles. *decisiones familiares.*

Si esto sucede en tu familia, estas son algunas maneras como puedes modificar tu interacción con tus hijos:

❧ *Busca ocasiones propicias para involucrar a tus hijos en decisiones.* Si quieres comida italiana, puedes darles a escoger entre tres restaurantes. Cuando se quiere tener una noche divertida en familia, pregúntales si prefieren jugar bolos, mini golf o juegos de mesa en casa. Como en todo, es un privilegio tener opciones. Si ellos pelean o protestan respecto a las opciones o tardan demasiado en decidir, pierden el privilegio y tú decides. En la familia Savage, la noche del domingo es la noche familiar. Tomamos turnos decidiendo qué hacer. El acuerdo es que respetamos al miembro de la familia que decide y todos aceptamos la decisión del tiempo juntos. Esto ofrece a cada uno la oportunidad de decidir sobre las actividades favoritas. Busca oportunidades para involucrar a tus hijos en algunas decisiones familiares.

❧ *Una vez al mes, en la fecha del cumpleaños de uno de los hijos, permíteles decidir el menú de la cena.* Si tu hijo mayor nació el día once del mes, él puede elegir el once de cada mes. A tu hijo menor le corresponde el diecisiete si nació el día diecisiete del mes. A medida que crecen podrían no solamente escoger el menú de la cena sino prepararlo ellos mismos, si quieres además darles la oportunidad de aprender a cocinar.

❧ *Di sí cada vez que puedas.* Si todo el tiempo se les dice no, los hijos pueden pensar que todas sus ideas son equivocadas o que somos malos. Decir sí no solo los hará sentir honrados sino que les resultará más fácil aceptar un no cuando sea la respuesta necesaria. Hace varios años lancé un desafío a las madres en mi blog "¡Sean madres que dicen sí!". Cuando las madres aceptaron el desafío, descubrieron que, con mucha frecuencia, sus respuestas negativas obedecían a su egoísmo. No es agradable admitirlo, pero ayuda a poner esta estrategia en perspectiva. Cuando dices sí y tus hijos ven que dejas a un lado tu ocupación para hacer lo que ellos han pedido, se sienten importantes. Di sí cada vez que puedas.

¿Espero que mi hijo ayude demasiado en la casa en lugar de ofrecerle una relación significativa?

No des por sentado que asignar tareas domésticas a los hijos los hace sentir importantes. Es cierto que involucrarlos como miembros útiles de la vida familiar es mejor que no hacerlo, pero no debe ser la única razón por la cual los hijos se sienten importantes o tenidos en cuenta. Una inteligente jovencita de noveno grado le dijo a Kathy una vez: "Me siento como un equipaje adicional. Si el armario fuera lo suficientemente grande, me podrían atrás con las maletas que solo sacan cuando las necesitan. Ahora soy una niñera porque tuvieron otro hijo. Ni siquiera me siento ya como su hija. Solo soy su criada".

Si de forma imperceptible has caído en esta trampa, puedes:

❧ *Pedir a los hijos desde muy pequeños que hagan labores*

conforme a su edad. Esta es una manera de evitar que se sientan usados cuando son mayores. Si han ayudado desde muy pequeños, comprenderán que las responsabilidades aumentan a medida que ellos crecen. Esto les ayuda a verse como parte de la unidad familiar. Pero asegúrate de no solamente reconocerlos por aquello que pueden hacer por ti. ¿Necesitas ayuda en buscar actividades apropiadas según las edades? Echa un vistazo al Apéndice B.

❧ *Equilibra la diversión y el trabajo en casa.* Sí, hay trabajo por hacer: ropa, platos, limpieza de la casa, jardín y demás. Sin embargo, también debe haber lugar para la diversión en casa: jugar a atrapar la pelota en el jardín, juegos de mesa, baloncesto. Trata de equilibrar el trabajo y la diversión en el hogar.

¿Se siente mi hijo adoptivo menos importante que mis hijos biológicos?

El tema de los hijastros y los hijos adoptivos no puede omitirse. En algunas familias, los hijos adoptivos y los hijastros se sienten poco importantes y, en otras, muy importantes. El objetivo es dar a los hijos la misma prioridad en tanto que están con nosotros. Como madre adoptiva sé que a veces nuestros hijos vienen con unos antecedentes que son difíciles de asimilar en lo que respecta a estas preguntas fundamentales. Tú puedes hacer todo bien y aún así ellos pueden responder en sus mentes de manera equivocada. No uses esto como excusa para dejar de intentarlo, sino más bien reconoce que los hijos con antecedentes pueden necesitar ayuda adicional para lograr verse de forma positiva y saludable.

Si tienes hijastros o hijos adoptivos, puedes:

❧ *Evitar las etiquetas.* Betsy, la sobrina de Kathy, es adoptada. Cuando era pequeña, sus bisabuelos la presentaban a sus amigos como "la adoptada", para marcar la diferencia con sus hermanos que habían nacido en la familia del hermano de Kathy y su cuñada. Los padres de Betsy les pidieron sabiamente que dejaran de hacerlo. Ellos no querían que Betsy fuera señalada de esa forma. (Ellos sí celebraban "el día de la adopción" con un pastel y para recordar los momentos especiales, pero el resto de días el hecho de que Betsy fuera adoptada era irrelevante. Y dentro de la familia, a Betsy se le llamaba "el regalo" y a sus hermanos Andy y Katie, "milagros").

❧ *Trabajen unidos como pareja para amar y disciplinar a todos los hijos de manera incondicional.* Esfuérzate por tratar a todos tus hijos por igual en términos de expectativas y responsabilidad.

❧ *Sin manifestar falta de respeto hacia sus padres biológicos, no te llames padrastro o madrastra a menos que sea indispensable.* Evita la palabra "hijastros". Llámalos "nuestros hijos" y no "mis hijos" o "sus hijos". Recuerda que la palabra *nuestros* es poderosa.

❧ *Pasa tiempo a solas con los hijastros para lograr conocerlos individualmente.* Sé tú mismo, no trates de impresionarlos. Por medio de palabras y acciones, hazles saber que los amas y disfrutas su compañía.

❧ *Involucra a los hijastros en actividades y juegos que requieren el trabajo de toda la familia como un equipo.* Esto encierra el mensaje "Tú perteneces a este hogar" y "Te necesitamos".

❧ *Pregunta a los hijastros qué tradiciones son importantes para ellos e incorpóralas en la medida de lo posible.* Esto puede exigir cambios en tus rutinas o tradiciones para alentar la integración de todos. Cuando Koyla se volvió parte de nuestra familia, incorporamos algunas comidas como parte de nuestra vida. Una de sus comidas favoritas es borscht, una sopa hecha con remolacha. No solo llegó a gustarnos comer borscht, sino que también empezamos a cultivar remolachas en nuestra huerta y aprendimos a preparar la receta.

❧ No actúes como si no existiera la "otra familia" del hijastro. Escucha historias acerca de lo que ellos hacen con la otra familia y hazles preguntas. No tengas miedo de los miembros de la otra familia ni del amor que los hijastros sienten por ellos. Los niños perciben el miedo y no responden bien a él.

¿Te diste cuenta de que ninguna de las sugerencias para ayudar a los hijos a sentirse valorados habló de los "padres sobreprotectores" que se inmiscuyen en cada aspecto de la vida de sus hijos? Tampoco recomendamos volverse "padres compulsivos" que arrasan con todo lo que se interpone en el camino de éxito de sus hijos. Aunque te lo parezca, estos estilos no comunican a los hijos "eres importante". Puede ser que comuniquen "no confío en ti", "no puedo vivir sin ti", o "no puedes protegerte a ti mismo, necesitas a tus padres para que te provean todo en el vida". Estos modelos perjudiciales pueden infundir duda e inmadurez en los hijos, las cualidades mismas que queremos evitar. Evitemos volvernos padres sobreprotectores o compulsivos.

APLICA LOS ANTÍDOTOS

La forma en que interactuamos con nuestros hijos es una respuesta contundente a la pregunta "¿Soy importante para ti?" que ellos se formulan en sus corazones. Cada antídoto es una herramienta práctica para comunicarles que sí lo son:

Compasión

Cuando somos capaces de caminar en los zapatos de nuestros hijos, ellos se sienten importantes. Cuando sus sentimientos son afirmados y no menospreciados, esto les hace saber que son valiosos.

....

Atención

Está atento a los momentos en la vida de tu hijo cuando se siente "un don nadie", momentos en los que parece encogerse y desaparecer en lugar de tomar su lugar único en este mundo. Si percibes su sentimiento de "ser invisible", esto puede ayudarle a revertir la situación para sentirse importante en lugar de insignificante. Aun los hijos extrovertidos tienen sus momentos de sentirse "uno más del montón", y los padres atentos pueden identificar y rectificar esos momentos cuando ocurren.

Aceptación

Tu aceptación de quién es tu hijo realmente le hará saber que es importante para ti. Afirma sus fortalezas más de lo que señalas aquello que necesita mejorar. Cuando ellos se sienten que eres su mayor animador, ¡tus hijos se sentirán importantes!

Amor

Cuando alguien nos hace sentir amados incondicionalmente, es natural que nos sintamos importantes para esa persona. Nunca podrás expresar demasiado el amor. Di a tus hijos todo el tiempo que los amas, sin importar las circunstancias.

¿SOY IMPORTANTE PARA TI?

Los hijos anhelan saber que son importantes por la simple razón de que existen. Necesitan saber que son importantes en este mundo y que son importantes para nosotros. Cuanto más entendemos esto y tomamos decisiones que responden a su pregunta "¿Soy importante para ti?" con un "Sí" rotundo, más ayudaremos a nuestros hijos imperfectos a encontrar su camino en este mundo.

LA HISTORIA DE CONNIE

*U*na tarde fresca y despejada de viernes, al ingresar al campo de fútbol de la secundaria local para un partido, personas de nuestro pequeño pueblo empezaron a preguntarnos a mi esposo y a mí si ya habíamos visto a nuestra hija Calan. Con quince años, Calan había pedido permiso para ir a casa de una amiga después de la escuela. De allí iría directamente al partido de fútbol. Por eso no la habíamos visto desde la mañana. La pregunta repetida me produjo curiosidad acerca de lo que había hecho mi hija.

Mientras nos ubicábamos en nuestros asientos, muchos amigos sonrieron y sacudieron su cabeza. Sea lo que sea que nuestra hija hubiera hecho, era obviamente divertido. Mi interés y curiosidad aumentaron. De repente, nuestra atención se dirigió hacia el campo de juego cuando nuestro equipo anotó un punto. Las animadoras empezaron a celebrar ruidosamente, y la banda interpretó una tonada victoriosa. Entonces la vi. Calan iba corriendo por un lado y llevaba una gigantesca bandera. Toda su cara estaba pintada de rojo y blanco, y llevaba puestos unos pantalones rojos con franjas negras. No podía creer lo que veía.

¡Mi hija! ¿*Mi* hija? ¿Una fanática con cara pintada y loco atuendo? Eso no era lo que me esperaba. No estaba segura sobre qué sentir. ¿Qué pensarían sus compañeros? ¿Qué pensarían mis amigos? ¿Qué pensarían los profesores y administradores? Una amiga que estaba sentada cerca leyó las emociones en mi rostro y dijo: "Es una gran chica; todos la quieren. Sale con un estupendo grupo de niñas, y le gusta ser ella misma sin miedo a lo que piensan los demás. A otros padres les encantaría estar en tu lugar".

Sabiduría, justo cuando la necesitaba. Pensé en mis oraciones diarias por ella. Cada día de su vida le he pedido a Dios que le dé confianza y valentía. He orado para que tenga amigos y no pierda su confianza personal cuando alguien la critica. No obstante, mis expectativas en esas oraciones incluían que ella defendiera sus convicciones frente a los cuestionamientos, que usara ropa recatada en lugar de estilos atrevidos, que se alegrara al verse en el espejo y que fuera agradecida por la persona que Dios creó en ella. No incluía este despliegue de locura de aficionada que desfilaba delante de mí.

Mientras estaba allí sentada contemplándola, me di cuenta de que ella sí era una joven llena de confianza que no solo defiende sus convicciones, sino que lo hace de forma respetuosa. Las camisetas y los pantalones deportivos son su ropa favorita, en lugar de usar algo más indiscreto. Ella no siente la necesidad de usar maquillaje para hacerse más agradable, y acepta gustosa las cualidades de personalidad que Dios le ha dado.

Mis ojos volvieron a enfocarse en la chica que corría de un lado a otro del campo deportivo con apariencia de lunática. Mi corazón se inflamó del amor que sentía por ella. No podía negar que Calan se estaba divirtiendo mucho expresando su confianza y valor. Las animadoras y los jugadores de fútbol chocaban sus manos festejando cada vez que ella pasaba. Los estudiantes vitoreaban al igual que los padres. Los maestros y los padres reían por igual y elogiaban su valentía. ¡Todos se estaban divirtiendo!

Cuando mi hija no vive conforme a mis expectativas, tengo que detenerme y reflexionar. Muchas veces llego a la conclusión de que no es mi hija la que necesita un cambio sino yo. Tengo que cambiar mis propios deseos. Cuando en verdad considero la persona que Dios ha creado, Calan excede cualquiera de mis propias expectativas.[15]

---

15. Connie Johnson, entrada de blog, "My Kid Doesn't Meet My Expectations", 18 de julio de 2013. Usado con permiso. http://connie davisjohnson.com.

CAPÍTULO 5

¿ESTÁ *bien* SI SOY ÚNICO?

*U*n día en un restaurante, una amiga de Kathy observó a una familia con dos hijos, uno de los cuales era a todas luces adoptado (era de otra raza). El niño preguntó a sus padres: "¿Por qué no me parezco a mi hermana, o a ustedes?".

Después de una larga pausa y una mirada entre los padres, la respuesta del padre fue asombrosa: "Bueno, porque pensamos que sería aburrido ser una familia con personas que se ven todas iguales y hacen lo mismo... y así como Dios ama y se goza con personas que son diferentes, queremos ser capaces de amar y disfrutar cada día las diferencias con un niño especial como tú!". El rostro del niño se llenó de orgullo y al instante respondió asintiendo con la cabeza: "¡Yo soy especial! Jesús me dijo que yo era especial cuando era bebé!" y volvió a entretenerse con su juguete. Los padres se miraron, sonrieron, y siguieron comiendo.

Qué bella demostración de lo que significa reconocer lo especial que es un hijo. Todos queremos comprender que somos especiales. Estamos diseñados con propósito. Somos únicos, ¡y eso es mucho mejor! Como adultos debemos aceptar lo que nos hace únicos y ayudar a nuestros hijos a hacer lo mismo.

....

EL DISEÑO DEL CREADOR

Cuando Dios creó jirafas, Él las diseñó para que les gustara comer hojas de acacia. Este árbol está lleno de espinas, y Dios sabía que las jirafas usarían sus lenguas para quitar las hojas de los árboles. Por tanto, hizo las lenguas de las jirafas muy largas para poder esquivar las espinas en el momento de arrancar las hojas. Dios creó su saliva espesa y pegajosa para que recubriera cualquier espina que pudieran tragar. Su saliva también tiene propiedades antibacteriales, de modo que no se infectan aún cuando se pinchan a menudo.

Los camellos también fueron creados con un propósito en mente. Pueden masticar plantas del desierto con espinas porque sus bocas poseen un recubrimiento grueso y resbaloso. La arena no les causa molestias porque pueden cerrar sus fosas nasales, y Dios les dio pestañas largas y pelos en las orejas para protegerlos. Pueden usar su tercer párpado transparente para sacar arena que pueda caer en sus ojos. Su paso único y anchas patas evitan que se hundan en la arena. Las jorobas de los camellos almacenan alrededor de cuarenta kilos de grasa, la cual pueden convertir en agua y energía cuando el alimento escasea.

Dios fue ingenioso y cuidadoso no solo en su manera de crear los animales, sino también al crear en su amor a cada uno de nosotros y a nuestros hijos. Él sabe por qué nos creó y nos ha diseñado con ese propósito en mente.

LA HISTORIA DE KATHY

Cuando Kathy tenía unos seis años, al final de un día muy estresante en la escuela, se subió a la cama de sus padres y le dijo a su madre que ya no quería ser alta. A los seis años ya se sentía demasiado alta. Ella recuerda que era la más alta de su clase y que no cabía cómodamente en su pupitre. Kathy también se movía con torpeza porque creció muy rápido. Habló con su mamá al respecto. No le gustaba ser única en esa situación.

....

La mamá de Kathy habló con su esposo esa noche para decidir cómo resolverían el problema. Era evidente que conforme a la experiencia e intuición de Kathy, ella sabía que podía confiar a sus padres el clamor de su corazón. Y la madre de Kathy no tomó el comentario de Kathy como una queja, sino como una inquietud. Su primer pensamiento fue: *¿Cómo puedo mejorar su situación?* Ese es el amor en acción que todos los niños necesitan cuando les inquieta alguna característica que los hace únicos.

Kathy iba a ser alta. Sus padres, ambos de gran estatura, lo sabían. Lo único que podían hacer era ayudarle a cambiar su actitud respecto a su estatura. Otra cosa que *podían* cambiar era su torpeza en los movimientos. Al final de la semana habían inscrito a Kathy en una clase de danza. Tap, ballet y acrobacia mejoraron su coordinación y se volvió menos torpe en sus movimientos. Además, como solo a la niña más alta se le permitía estar en el centro de la última fila de bailarinas, a Kathy empezó a gustarle su estatura.

Hasta el grado noveno, Kathy fue más alta que todos los niños de su clase. Trató de jugar baloncesto, pero pensó que era tan alta que no necesitaría saltar, así que no fue muy buena jugadora. La danza siguió gustándole mucho, y ya que sus padres habían descubierto una solución, Kathy ya no era torpe, y se convirtió en miembro talentoso de equipos de entrenamiento y de las bandas de marcha de la secundaria y la universidad. Aunque su estatura no era su cualidad predilecta, ya no le impedía relacionarse bien con sus compañeros. Puesto que su identidad estaba a asegurada, Kathy tenía fortalezas sobre las cuales apoyarse para formar amistades.

A Kathy le encanta desafiar a los chicos a vivir lo suficiente y ser lo suficientemente fuertes para descubrir por qué son como son. Esa fue su experiencia. Solo cuando fue mayor, ella comprendió que la forma única en que Dios la había creado era algo muy positivo. Cuando Kathy fue maestra de segundo grado, fue útil entre sus colegas en parte porque podía colgar cosas del techo sin usar una escalera. Era más fácil para ellos pedir la ayuda de Kathy que arrastrar una escalera por el pasillo. Los compartimentos de los aviones para vuelos internacionales son difíciles de alcanzar para muchas personas, pero a Kathy le resulta sencillo poner allí su maleta. Y muchas veces ayuda a otros. Cuando enseña en convenciones y en iglesias, las personas pueden verla sin importar dónde se sienten. Al fin, Kathy logró la confianza en Dios para creer que Él la había creado así por una razón.

La estatura de Kathy es parte de lo que la hace única. Es más alta que la mayoría de las mujeres y que muchos hombres. Pero eso no es un problema. ¿Por qué? Porque cuando tenía seis años, pudo confiar en una madre que la escuchó y atendió el clamor de su corazón. Tuvo padres que estuvieron de acuerdo en cómo criarla.

Tuvo padres comprometidos a amarla tal como era, pero no se conformaron con dejarla como estaba cuando podían mejorar su vida. Idearon juntos una solución al problema de Kathy. Ella nunca se sintió rechazada porque sus padres le ayudaron a cambiar su actitud frente a su estatura, que era imposible de cambiar, y a superar su torpeza, algo que ellos sabían podía mejorar.

¿QUEJA O INQUIETUD?

Los padres de Kathy hicieron algo importante de lo que todos podemos aprender: no escucharon el comentario de Kathy acerca de su singularidad como una queja sino como una inquietud. Debo admitir que no siempre discierno la diferencia, pero como padres debemos aprender a distinguirlas.

No hay mucha diferencia entre estas palabras, pero creo que la palabra *inquietud* puede definirse como "clamor del corazón". Kathy usó esa frase para describir la respuesta de sus padres. Ellos oyeron el clamor de su corazón. Discierne la diferencia entre una queja y una inquietud.

Como padres, ¿cómo podemos escuchar más atentamente el clamor del corazón de nuestros hijos? Hay tres maneras:

❧ *Ten cuidado con tu ritmo de vida.* El exceso de ocupación sofoca la compasión. Si tienes demasiadas actividades, no puedes detenerte lo suficiente para escuchar realmente y sintonizarte con tus seres queridos.

❧ *Escucha el mensaje que esconden las palabras.* A veces es fácil enredarse en las palabras que se dicen en lugar de concentrarse en el mensaje que esconden. Una madre que educa a sus hijos en casa me contó un día lo que le dijo su hijo: "Desearía pasar más tiempo contigo, mamá". Ella de inmediato respondió: "¡Pero si te educas en casa! Pasas conmigo todo el tiempo del mundo". Luego ella comprendió mejor y escuchó el clamor de su corazón: "Parece que quieres pasar tiempo especial solo tú y yo. ¿Qué te parece si planeamos algo de tiempo esta semana?". La respuesta positiva y dispuesta de su hijo le demostró que había respondido correctamente a su inquietud.

❧ *Sintonízate con el clamor de tu propio corazón.* Es más fácil sentir el clamor del corazón de otro cuando eres capaz de identificar el clamor de tu propio corazón. ¿Qué te hace feliz? ¿Qué te pone triste? ¿Qué preocupaciones se han acumulado en tu interior? Identificar tus propias emociones te ayudará a procesar las emociones de tus seres queridos.

¿EN QUÉ SOY INTELIGENTE?

Entre los muchos aspectos que vale la pena entender acerca de la singularidad de cada hijo está la forma particular en que se expresa su inteligencia. Su manera de asimilar su mundo es única, y es algo que lo diferencia de sus amigos, sus hermanos y de nosotros. Tenemos en común que somos inteligentes, pero somos inteligentes de diferentes maneras. Cada hijo es inteligente en una manera única y diferente. Muchos hijos preguntarán: "Mami, ¿soy inteligente?". Esto puede ser descorazonador porque puede revelar que alguien se ha burlado de ellos, que han respondido equivocadamente en público, o que una tarea en la escuela ha sido particularmente difícil. Imagina poder responder: "No solo eres inteligente, sino que lo eres de ocho maneras". Nuestros hijos son inteligentes de ocho maneras diferentes. Dependiendo de su edad, hay varias fortalezas que pueden evidenciarse ya. Cada inteligencia puede ser despertada y fortalecida. Cada una puede ser usada para mejorar el aprendizaje. Los malos comportamientos también pueden originarse en algún tipo de inteligencia (por ejemplo, los niños con inteligencia lógica pueden crear problemas, a los que tienen inteligencia musical les gusta hacer ruido, o los que tienen inteligencia social siempre desearán encontrar alguien con quien hablar). Los hijos mayores pueden identificar opciones profesionales conforme a sus inteligencias. Todos los hijos pueden decidir qué clase de voluntariado les gustaría hacer según las fortalezas de su inteligencia.

Mark y yo invitamos a nuestros tres hijos menores a estudiar las ocho clases de inteligencia un domingo en la noche. Miramos todas las inteligencias y hablamos acerca de aquellas que más corresponden a nuestra descripción. También nos animamos unos a otros en términos de la "inteligencia" que veíamos en cada uno. Fue una gran discusión familiar que afirmó cómo cada uno es único y también nos ayudó a entendernos mejor.

He aquí un ejemplo de cómo lo puedes aplicar en tu vida práctica: si tú y tu hija son inteligentes para las palabras, irán juntas a la biblioteca. Con tu hijo de inteligencia pictórica disfrutarán ir al museo de arte y a una tienda de manualidades. Tu esposo entrenará a tu hijo que es inteligente en su motricidad para jugar béisbol, e irás al jardín botánico con tu hijo amante de la naturaleza.

·········

En la página siguiente encontrarás las diferentes inteligencias junto con una explicación de cómo se piensa, actúa y se sobresale académicamente en cada una.

Si quieres aprender más acerca del tema, encontrarás más información en el libro de Kathy, *How am I smart? A Parent's Guide to Multiple Intelligences*.[16] Para mí ha sido un recurso maravilloso. Puedes comprar también un cuestionario que te ayude a determinar cuáles son las inteligencias más sobresalientes de cada miembro de la familia en www.celebratekids.com (solo en inglés).

LA FAMILIA IMPORTA

Una familia es algo maravilloso. Cada miembro tiene algo en común y a la vez cada miembro es único. Todos somos iguales, y al mismo tiempo diferentes. Existimos juntos, y existimos por nosotros mismos. Somos hermosos.

El hecho de ser únicos es algo positivo porque, a decir verdad, tal vez luchemos más con aquellas cualidades que tenemos en común con nuestros hijos. Estas semejanzas nos recuerdan a menudo aquello que no nos gusta de nosotros mismos: nuestra voluntad firme, malhumor, impaciencia, egocentrismo. ¡Ay! ¿Te imaginas que todos fuéramos iguales en todo?

Si podemos valorar nuestras diferencias, experimentaremos una unidad especial al estar con nuestra familia. Es como varias piezas de un rompecabezas que encajan entre sí, como una serie de muñecas de madera de diferente tamaño que se insertan unas dentro de otras o como una colección de libros. En presencia de nuestros seres más queridos debemos poder arriesgarnos a revelar nuestra verdadera identidad. Ser único y ser aceptado es algo liberador. Si leíste *¡Las mamás no tienen que ser perfectas!*, probablemente experimentaste libertad después de entender que podías ser tú misma.

---

16. Kathy Koch, *How Am I Smart? A Parent's Guide to Multiple Intelligences* (Chicago: Moody Publishers, 2007), solo disponible en inglés.

Inteligencia	Expresión del pensamiento	Comportamiento característico	Destrezas académicas
Verbal	Palabras	Hablar	Lectura, escritura, oratoria, escucha
Lógica	Preguntas	Formular preguntas	Ciencias, matemáticas, solución de problemas, grandes cuestionamientos
Pictórica	Audiovisual	Observar	Ficción, historia, diseño artístico, pensamiento por medio del garabato
Musical	Ritmos y melodías	Hacer música	Música, memorización (p.ej. la canción del abecedario)
Motora	Tacto y movimiento	Moverse más	Deportes, teatro, trabajos manuales, pensar durante ocupaciones manuales
Naturaleza	Patrones	Actividades al aire libre	Biología, ciencias de la tierra, historia relacionada con la naturaleza, categorización
Social	Relaciones	Hablar con las personas	Trabajo en grupo, discusiones, aprender sobre las personas
Intuitiva	Reflexión	Pasar tiempo a solas	Comprensión y claridad profundas, escritos de opinión

Lo que estamos aprendiendo ahora en estas páginas es brindar a nuestros hijos esa misma libertad cuando reconocemos lo que son y les permitimos ser ellos mismos. Cuando valoramos las diferencias en la familia, gozamos de una unidad especial. Enumerar las cualidades que hacen a cada miembro de la familia diferente y parecido puede ser útil y revelador. También se podrían enumerar las fortalezas observadas. Incluir a la familia extendida como abuelos, tías, tíos y primos enriquece la experiencia. Los hermanos pueden apreciar las virtudes únicas de cada uno en formas que nos animan profundamente y nos sorprenden. Conversar acerca de las fortalezas y cualidades únicas de cada miembro puede ayudarnos a identificar fortalezas o influencias en nosotros mismos y en otros que hasta ahora hemos pasado por alto.

¿Tu hijo con síndrome de Tourette ha ayudado a sus hermanos y abuelos a ser más tolerantes? ¿Tu hijo con trastorno de déficit de atención con hiperactividad te ha ayudado a criticar menos cuando en un restaurante unos niños se portan mal y das por sentado que su madre es negligente? ¿Tu hijo dotado y curioso que pregunta más de lo que puedes responder te da la esperanza de que su generación resolverá muchos problemas? ¿El comportamiento callado y tranquilo de tu hija te recuerda que tú también necesitas un tiempo de quietud de vez en cuando? ¿Puede tu hijo con pocas dotes deportivas admitir que disfruta animando a su hermano desde las graderías aunque desearía poder participar en el equipo?

¿Puede tu hijo contar nueve similitudes con su hermana adoptiva? ¿Comenta algún primo cuánto ha madurado últimamente tu hija con síndrome de Down? ¿Felicita una tía a tu callado hijo autista por su creatividad artística? ¿Se dan cuenta así que él es más creativo que todos ustedes y empiezan a pensar respecto a él con un nuevo enfoque? Recuérdense unos a otros que cada miembro de la familia es "una creación admirable" de Dios.

Vernos mutuamente a través de una lente diferente es maravilloso para apreciar el aporte único que cada uno puede ofrecer al mundo. Un buen recordatorio para ti y para tus hijos es que cada persona es "una creación admirable" a quien Dios ha formado (Sal. 139:13-14), y que Él tiene un plan para nuestras vidas (Jer. 29:11).

MANOS Y PIES

A fin de poder apreciar y celebrar lo único de cada persona, se deben ver las diferencias como algo normal y, bueno, *diferente*. No en términos de correcto e incorrecto. Ni de mejor o peor. Más bien, todos somos parte del propósito perfecto de Dios. Esto lo confirma 1 Corintios 12:4-27:

> Ahora bien, hay diversos dones, pero un mismo Espíritu. Hay diversas maneras de servir, pero un mismo Señor. Hay diversas funciones, pero es un mismo Dios el que hace todas las cosas en todos...
>
> De hecho, aunque el cuerpo es uno solo, tiene muchos miembros, y todos los miembros, no obstante ser muchos, forman un solo cuerpo. Así sucede con Cristo...
>
> Ahora bien... si el pie dijera: "Como no soy mano, no soy del cuerpo", no por eso dejaría de ser parte del cuerpo. Y si la oreja dijera: "Como no soy ojo, no soy del cuerpo", no por eso dejaría de ser parte del cuerpo. Si todo el cuerpo fuera ojo, ¿qué sería del oído? Si todo el cuerpo fuera oído, ¿qué sería del olfato? En realidad, Dios colocó cada miembro del cuerpo como mejor le pareció. Si todos ellos fueran un solo miembro, ¿qué sería del cuerpo? Lo cierto es que hay muchos miembros, pero el cuerpo es uno solo.
>
> El ojo no puede decirle a la mano: "No te necesito". Ni puede la cabeza decirles a los pies: "No los necesito". Al contrario, los miembros del cuerpo que parecen más débiles son indispensables, y a los que nos parecen menos

honrosos los tratamos con honra especial. Y se les trata con especial modestia a los miembros que nos parecen menos presentables, mientras que los más presentables no requieren trato especial. Así Dios ha dispuesto los miembros de nuestro cuerpo, dando mayor honra a los que menos tenían, a fin de que no haya división en el cuerpo, sino que sus miembros se preocupen por igual unos por otros. Si uno de los miembros sufre, los demás comparten su sufrimiento; y si uno de ellos recibe honor, los demás se alegran con él.

Ahora bien, ustedes son el cuerpo de Cristo, y cada uno es miembro de ese cuerpo.

Todos somos parte del propósito perfecto de Dios.

Cuando los hijos creen que son importantes, especiales y miembros deseados de su familia y de su mundo, no necesitan ocultar lo que los hace únicos y se relacionarán con mayor confianza con los demás. Serán más positivos en su concepto de sí mismos y de los demás, y creerán que son aceptados. Al aprender que está mal juzgar a otros, también notarán más aquello en lo que se asemejan a otros y no solo las diferencias.

Si bien los hijos actúan como si sus compañeros fueran el factor más importante para sentirse cómodos consigo mismos, la verdad es que los padres lo somos. Si como padres no los aceptamos, ellos seguirán buscando a alguien que lo haga. Cuando aceptamos a nuestros hijos, ellos no buscarán con ansias amoldarse a sus compañeros. Si no los aceptamos, nuestros hijos pueden ceder en sus convicciones para encajar en algún grupo e intentar ocultar su carácter único. La aceptación de los padres es más esencial que la aceptación de los compañeros.

La aceptación de los padres es más esencial que la aceptación de los compañeros.

. . . .

121

Nuestro trabajo consiste en ayudar a nuestros hijos a descubrir su aporte único al mundo. Todos tenemos cualidades, talentos, estilos de aprendizaje y temperamentos que Dios anhela usar para sus propósitos. Cuanto más podamos ayudar a nuestros hijos a entender que todos somos únicos porque todos tenemos un papel importante en la familia de Dios, más pronto llegarán a aceptar y a usar constructivamente sus rasgos únicos. Aunque sean, como Kathy, los niños más altos de la clase.

APLICA LOS ANTÍDOTOS

Nuestros hijos están en proceso de crecimiento. Están explorando, descubriendo e incluso enfrentando decepciones a medida que conocen sus fortalezas y también sus debilidades. En este proceso se encontrarán cara a cara con sus imperfecciones, y también debemos estar preparados para ayudarles a procesarlo. Si recordamos los antídotos, ayudaremos a nuestros hijos a aceptar lo que son sin caer víctimas de la infección de la perfección.

Compasión

Manifiesta compasión en el proceso de crecimiento de tus hijos a través del cual cumplen el propósito para el cual los creó Dios. Pasarán por momentos emocionantes cuando descubran que son buenos en algo. Sufrirán bajones cuando descubran que no son perfectos o talentosos en algunas áreas. Ayudarlos a aceptar ambos lados de la realidad exige compasión, empatía y grandes dosis de paciencia. Ayudar a los hijos a aceptar tanto sus fortalezas como debilidades requiere compasión, empatía y paciencia.

Atención

Es poco probable que los hijos exploren diferentes actividades sin la ayuda de mamá y papá. Presta atención a las "inclinaciones" de tus hijos. ¿Tienen inclinaciones artísticas? ¿Lógicas? ¿Técnicas? ¿Tienden a fijarse en los detalles o en la visión global? ¿Qué clase de cosas observan con detenimiento? ¿Qué piden? ¿Qué ven en otros? Cuando empiezas a percibir patrones en la personalidad y en los talentos de tu hijo, ofrécele diferentes experiencias para que pueda explorar. Por ejemplo, cuando descubrimos que nuestra hija tenía inclinaciones artísticas, la animamos a practicar dibujo, pintura, fotografía, cerámica, soplado de vidrio, diseño gráfico, entre otros. En ese proceso descubrió lo que le gustaba y hacía bien, y aquello que no le gustaba y para lo cual no tenía tanto talento.

Aceptación

Cuando tus hijos identifican actividades que les agradan y desagradan, acepta sus opiniones y comentarios. Evita imponer tu punto de vista. Esto puede significar que tendrás que enfrentar la desilusión si sus intereses o talentos no están en línea con tus ideas o expectativas. Recuerda que no estás criando al "hijo imaginario". Estás criando al hijo real. Entre más rápido aceptes el carácter único de un hijo, más pronto él mismo lo aceptará.

Amor

El amor es paciente y amable. Tus hijos pueden ser impacientes cuando prueban nuevas actividades. Puede que no les guste sentirse poco hábiles en algo nuevo. Es posible que arremetan contra ti frustrados por lo que son. Resiste el impulso de reaccionar con la misma frustración o decepción, y en lugar de eso elige responder con amor y amabilidad.

¿QUÉ HAY DE TI?

¿Cuál es tu historia? ¿La has compartido con tus hijos? Les hará bien conocerla. Así como Kathy luchó con su estatura, ¿hay algo que fue difícil en tu infancia y que ahora te parece positivo? ¿Buscaste la ayuda de alguien o pudiste, por tu cuenta, aprender a dar gracias

....

por ello? ¿Qué papel jugaron en tu crecimiento la compasión, la atención, la aceptación y el amor? Cuenta cómo tus estilos de inteligencia marcaron tu carácter único. ¿Te afectó esta originalidad cuando eras pequeño? Hablar de ello les permitirá a tus hijos conocerte mejor y ayudarles a experimentar cercanía contigo cuando exploren los rasgos que los hacen únicos.

LA HISTORIA DE LAURA

Ella dijo que se había peinado el cabello y que no quería hacerlo otra vez. Los hechos no coincidían con la afirmación. "Mamá… es solo cabello". Había estado jugando con su hermana a arrastrarse como un gusano entre las mantas. Tenía un pantalón verde de tela de lanilla con pingüinos, que según ella *no* era una pijama. Tenía una camiseta térmica verde (un verde que no combinaba con el pantalón), y tenía unas botas negras de amarrar. Su apariencia me apenó cuando pensé llevarla conmigo a la tienda.

Yo no soy amiga de la moda. Bien podría servir como candidata para un programa de transformación de apariencia, de esos en los que invitan a una mamá agotada que encuentran en la calle y le ayudan a vestirse mejor. Aun así, sentí pena y me disculpé cuando llevé a mi hija desarreglada a hacer diligencias. ¿Sufren esto las mamás de hijos varones? "Ella escogió su ropa", susurré a una amiga que encontré en un almacén.

Nunca iba a ser una mamá que insistiera en que sus hijos se vistieran de cierta forma. Si la situación no exigía un atuendo particular, yo los dejaba expresarse libremente. Hay batallas que vale la pena pelear y, casi todos los días, si la ropa era apropiada para la estación y no se dañaba fácilmente con los juegos, yo prefería ser la clase de madre que deja a sus hijas vestirse como quieren. Más adelante vendrían las explicaciones acerca de la importancia de la primera impresión. La vida misma se encargaría de enseñarle a mi hija cómo la gente reacciona conforme a nuestra forma de vestir. No obstante, en secreto envidiaba a mi cuñada cuya hija mayor, a los siete años, todavía dejaba que su madre escogiera su ropa. Cuando mis hijos tenían unos dos años, yo había renunciado al derecho de escoger el vestuario a cambio de paz. Con frecuencia, me parecía divertido ver sus curiosas combinaciones, pero si la vida se complicaba en otras áreas, yo quería sentir la satisfacción de ver a mi hija bien vestida (la fea verdad es que cuando la vida se pone difícil, yo trato de controlar los pequeños detalles).

Un día que necesitaba tener ese control, discutí con mi hija acerca de su ropa. Le rogué que vistiera algo lindo que combinaba muy bien. Cuando ella me preguntó por qué, yo dije: *"Porque el pantalón de pingüinos es una vergüen..."*.

Caí en la cuenta de mis palabras. Recordé la vergonzosa disculpa en el almacén. Esas palabras no concordaban con la filosofía que tanto predicaba. En algún momento había creído la idea de que las niñas eran mejores si se vestían bien, que los trajes bien combinados y que los moños y medias eran importantes. Tal vez sea porque nadie felicita a tu hija cuando lleva puesta una pijama de pingüino, mientras que un lindo vestido fino equivale a tres cumplidos de boca de extraños. ¿Desde cuándo había caído en esta cultura obsesionada con la apariencia? ¿Por qué me movía en dirección contraria a mi propio anhelo de enseñar a mi niña que el mundo mira las apariencias pero Dios mira el corazón?

Con la esperanza de que ella no hubiera escuchado aquella frase incompleta, me retracté: *"De hecho, querida, si el pantalón de pingüino está limpio, queda muy bien para el otoño. Anda y póntelo"*. Desde entonces aprendí que el estilo de vestir es parte de la personalidad de mis hijas. Ahora disfruto el estilo único de cada una. La forma de vestir de mis hijas no es un reflejo de mi habilidad como madre. También he aprendido que el estilo cambia con la edad. El hecho de que no sea femenina ahora no significa que será así toda la vida. Si es una niña que se arregla mucho, tampoco significa que siempre será así.

Hay ocasiones en las cuales impongo un modo de vestir,

como en las bodas. Y algunos días pregunto: "¿Te gustaría combinar bien tu ropa hoy?". Si la respuesta es afirmativa, y a veces lo es, les explico que, como regla general, dos estampados no combinan bien y que un estampado con un tono plano se vería mejor. A veces hacen un gesto de desdén, y a veces cambian. De cualquier manera, nunca busco disculparme.

Aprendí esta lección años atrás. Desde entonces, he descubierto otras áreas sutiles en las que mis palabras contradicen mi filosofía. He logrado disfrutar el hecho de que mis hijas expresen sus gustos y su actitud por medio del buen (o mal) vestir. Una de mis hijas se convertirá en una adolescente dentro de un año y medio. Soy consciente de que esto podría complicarse. No hay problema. Creo que he aprendido mi lección.[17]

17. Laura Wells, entrada de blog, "When You Care about Your Daughter's Appearance More Than You Want To", 11 de julio de 2013. www.pruningprincesses.com. Usado con permiso.

CAPÍTULO 6

¿QUIÉN soy?

En el centro de todo corazón humano existe el deseo de descubrir nuestra identidad. Este es un deseo inspirado por Dios cuyo propósito es acercarnos más a nuestro Creador. Puesto que Dios nos ha creado a su imagen y con un propósito, cuanto más cerca estemos de Él, más entenderemos quiénes somos.

Los nombres de los hijos son importantes porque son las primeras etiquetas que reciben. Si tus hijos no saben por qué escogiste los nombres que tienen, cuéntales las razones, especialmente si los has llamado por una razón específica o si el nombre encierra un significado. Jay y su esposa, amigos de Kathy, llamaron a su hijo *Jamison*. Jamison estaba presente cuando Jay le habló a Kathy acerca del origen de su nombre y cuánto había orado por tener un hijo. Aunque al pronunciarlo suena un poco diferente, su nombre significa "Jay, hijo mío". Aunque Jamison ya conocía la historia de su nombre, debiste ver su cara cuando su padre se lo explicó a Kathy. La conexión entre padre e hijo fue hermosa y evidente.

Además de los nombres que recibimos al nacer, este mundo está lleno de etiquetas. Dichas etiquetas a menudo confirman o confunden la comprensión de nuestra identidad. Las etiquetas positivas mantienen a raya la infección de la perfección porque aprendemos a vernos como un aporte positivo para este mundo. Las etiquetas negativas pueden agravar la infección de la perfección cuando, de manera desapercibida, nos comunican que "no estamos a la altura". En este capítulo exploraremos cómo podemos ayudar a nuestros hijos a comprender quiénes son aplicando etiquetas positivas y descartando las negativas que vienen del mundo.

LA IDENTIDAD CONTROLA EL COMPORTAMIENTO

Kathy ha trabajado con una entrenadora deportiva desde 2007. En un día particular, cuando a Kathy le costaba levantar unas pesas, su entrenadora la animó diciéndole: "Vamos, mujer poderosa, ¡tú puedes!".

Para ellos se ha convertido en una etiqueta divertida. Cuando Kathy está cansada o vacilante al final de la serie de ejercicios, Linda le recuerda que ella es una mujer poderosa. A veces, cuando Kathy duda acerca de algún ejercicio que le propone su entrenadora, ella proclama con confianza al tiempo que levanta sus pesas: "¡Soy una mujer poderosa!". Es evidente que a veces las etiquetas pueden ser útiles.

El pastor y escritor Craig Groeschel cuenta la historia de cómo conoció a Amy, la estudiante universitaria con quien se casó. A él le atrajo su inteligencia y agudeza mental, y se sorprendió cuando ella se refirió a sí misma como una estudiante promedio. Amy explicó que a ella siempre le habían dicho que era una estudiante promedio. Obtuvo principalmente calificaciones entre 70 y 80 sobre 100. Después de que Craig la conoció mejor, él le pidió que le creyera cuando decía: "Dios no te hizo una persona promedio. Eres brillante. Es hora de que actúes como tal".[18] El semestre siguiente,

---

18. Craig Groeschel, *Altar Ego: Becoming Who God Says You Are* (Grand Rapids: Zondervan, 2013), p. 23.

ella empezó a estudiar como "Amy la brillante" en lugar de "Amy la estudiante promedio", y obtuvo todas las calificaciones por encima de 90. Por el resto de su carrera universitaria obtuvo las más altas calificaciones. ¿Qué cambió? Alguien creyó en ella y le ayudó a apropiarse de una nueva identidad más acorde a la realidad. Ella recibió una nueva etiqueta que fue beneficiosa y no perjudicial para ella.

Las etiquetas comunican nuestra identidad a nosotros mismos y a los demás. Pueden ser verdaderas y provechosas o falsas y limitantes. A veces elegimos etiquetas para nosotros mismos. También pueden provenir de personas que nos apoyan, personas en quienes confiamos pero sencillamente están equivocadas, y de personas en quienes nunca debemos confiar. Lo mismo es cierto para nuestros hijos. Enseñar a nuestros hijos la diferencia entre estas categorías de personas puede ayudarles a discernir la verdad.

Amy fue a la universidad creyendo en una falsa etiqueta de identidad, y esto le impidió aprender confiadamente. Puedes ver cómo es esencial para nuestros hijos tener una visión acertada, verdadera y actualizada de sí mismos. Esta puede ser una de las ventajas del ejercicio que consiste en escribir veinte frases de "yo soy" que recomendamos en el capítulo 3. Es un excelente ejercicio para descubrir cómo se ven tus hijos a sí mismos. Puedes darte cuenta si han creído mentiras, si tienen ideas acerca de sí mismos que son imprecisas u obsoletas. Si las tienen, puedes preguntarles de dónde tomaron esas ideas equivocadas. Tal vez descubras que tu hijo menor tiene un maestro que hace comentarios negativos o que tu hijo mayor recuerda algo que dijiste hace años.

LA IDENTIDAD MILAGRO

Como hemos dicho en el capítulo anterior, nuestro carácter único es algo bueno. Una etiqueta que queremos que todo niño (¡y adulto!) crea es este: "¡Soy un milagro único e irrepetible!". Incluso los hijos

. . . .

que comparten las mismas etiquetas son únicos. Los hijos mayores de cada familia comparten esa etiqueta, pero no todas las demás. Los hijos que comparten la etiqueta "Tengo epilepsia" son únicos en otros aspectos. Las diferencias los conectan con otros pero también les da la libertad para descubrir su propia identidad cuando saben que son milagros irrepetibles. "¡Soy un milagro único e irrepetible!". Los hijos que saben que son un milagro se sienten capaces. Entienden que Dios deseaba que existieran, que no son un error.

Kathy ha descubierto que enseñar a los niños de todas las edades acerca de su identidad los libera para enfrentar y superar sus inquietudes, ansiedades, presiones e incluso la depresión. Aumenta su esperanza en el futuro. Ella los insta a recordar que son un milagro cada vez que ponen en duda su valor y llegan a pensar que tal vez son un error.

Tal vez te sorprenda saber que verse a sí mismos como milagros también fortalece el desarrollo de los niños con problemas médicos o crónicos como el trastorno por déficit de atención con hiperactividad (TDAH), el trastorno negativista desafiante, autismo, cáncer, depresión o ansiedad. Debemos recordar que nuestros hijos son más que cualquier etiqueta que los describa. Ellos también pueden saberlo cuando hablamos acerca de los demás aspectos de su identidad. No los presentamos delante de las personas como "el que tiene este o aquel diagnóstico". Nuestros hijos necesitan saber que los reconocemos más como personas que por su enfermedad. Los vemos a ellos antes que a la enfermedad. Esa limitación o desorden es parte de su identidad milagrosa. No es un error.

En la familia Savage, se han oído muchas etiquetas a lo largo de los años: hijo mayor, el menor, el del medio, adoptado, TDAH, ansioso, pródigo, inteligente, pensador, sentimental, introvertido, extrovertido, hablador, callado, procesador interno, procesador externo, parlanchín, gracioso, divertido, difícil, fácil, rebelde, voluntarioso. Estas etiquetas sirven para describir tanto las fortalezas como las luchas que tienen los diferentes miembros de nuestra familia. Quizá debo reconocer que no hemos sido tan buenos protegiendo a nuestra familia de las etiquetas que se asignan con ligereza y con demasiada frecuencia lastiman en lugar de ayudar. Solo en años recientes me he persuadido de la importancia de pensar cuidadosamente mis palabras. Quizá sientas la misma convicción. Pero nunca es demasiado tarde. Puedes empezar hoy mismo a usar etiquetas positivas, ¡sin importar la edad de tus hijos!

Cuando Kathy y los miembros de su equipo encuentran adolescentes a quienes enseñaron años atrás, los jóvenes a menudo sonríen y repiten: "¡Soy un milagro único e irrepetible!". Luego dan testimonio de cómo han rechazado las drogas y el alcohol porque piensan que las células de su cerebro les pertenecen a ellos y a nadie más, y no quieren dañarlas. Su futuro les pertenece a ellos y a nadie más. Sus sueños, metas, ambiciones y esperanzas son suyos y de nadie más. Están vivos, Dios no tenía la obligación de crearlos, y no quieren echar a perder la decisión divina. Es evidente que la etiqueta "milagro único" puede incluso salvar una vida.

ETIQUETAS POR LO QUE "HACEN"

Muchas etiquetas se obtienen mediante los logros. Eso es comprensible y puede ser positivo. Esto incluye declaraciones como: "Soy deportista". A menudo los hijos incluyen un adjetivo descriptivo como "un buen deportista". En la mayoría de los casos, asignamos tales adjetivos cuando presentamos nuestros hijos a otras personas o en nuestras reacciones frente a ellos. Sin embargo, es importante que distingamos las dos fuentes de "etiquetas por lo que hacen", es decir, las que están ligadas a los logros de nuestros hijos. Una de ellas motiva, mientras que la otra puede producir orgullo.

Por ejemplo, decir: "Soy un deportista estelar" puede ser algo positivo en tanto que motive al niño a practicar y escuchar cuidadosamente a sus entrenadores para mantener un nivel de excelencia.

Pero puede ser un obstáculo para el trabajo en equipo si el "deportista estelar" se vuelve orgulloso y se cree mejor que sus compañeros.

La afirmación de tu hija: "Soy una terrible cantante" es obviamente una forma negativa de expresar que no canta bien. Podrías ayudarle a rectificar su pensamiento con este comentario: "Tal vez no cantes bien en este momento, pero eso no significa que seas una terrible cantante. Todos tenemos días malos, y podemos usarlos para motivarnos a seguir practicando o perfeccionando una destreza". Su frustración puede ser positiva si dura poco tiempo y la motiva a practicar y a desarrollar la habilidad particular en la que es deficiente. Pero decir: "Soy una terrible cantante" puede ser negativo si la lleva a darse por vencida. También lo es si ha llegado a esta conclusión solo por compararse con los mejores cantantes de su coro.

Es que más conveniente que las identidades "por lo que hacen" sean descripciones específicas del comportamiento en lugar de afirmaciones generales. Por ejemplo, sería mejor que tu hija pensara: "Tengo que aprender a aguantar la respiración por más tiempo. Sé que mi director tiene razón, tengo que practicar mis escalas". De ese modo ella identifica habilidades específicas que puede perfeccionar y no sentirse más como "una terrible cantante". A tu hijo que se considera un "mal escritor" le convendría más describir sus metas específicas: "Cuando corrijo un texto, tengo que añadir más adjetivos a mis ensayos para que mi escritura sea más interesante". De esta manera su etiqueta cambia a: "Decido mejorar mi escritura".

No todos los buenos deportistas son iguales. Cuando tus hijos saben qué los hace únicos, sabrán cómo pueden contribuir específicamente a un equipo o ayudar a un jugador menos hábil. También comprenderán qué les faltó enumerar en su lista de habilidades y qué pueden perfeccionar. Por ejemplo, tu hijo podría identificar su talento de esta manera: "Este año soy mejor en fútbol porque en el verano trabajé mi velocidad y agilidad". Tu hija que juega fútbol podría decir: "Estoy jugando bien este año porque puedo predecir mejor a dónde se desplazarán los defensas". La identidad controla el comportamiento.

Puesto que la identidad controla el comportamiento, tú desearás que tus hijos tengan una identidad "de logro" para las actividades que valoran y para las actividades que tú quieres que ellos valoren. Por ejemplo, si tienen una identidad deportiva pero no la de "Soy un aprendiz", esto puede explicar por qué no le dan prioridad al estudio.

Piensa cómo nuestras palabras tienen peso. La identidad de "Soy un aprendiz" es más saludable que la de "Soy un estudiante". Los estudiantes estudian. Los aprendices aman aprender. El aprendizaje es algo que ocurre todo el tiempo e incluye la vida práctica y los temas que no se tratan en la escuela. Considerarse un estudiante puede ser un poco limitante, mientras que ser "un aprendiz" puede ser útil toda nuestra vida. Cada agosto, mi amiga Pam y su esposo Bill hacían algo antes del comienzo del año escolar con el fin de incentivar en sus hijos una identidad de aprendices y líderes. La denominaron la conversación de "aprendiz y líder". Nuestras palabras importan.

Las etiquetas positivas ayudan a nuestros hijos a identificar y comunicar sus fortalezas.

Hasta el día de hoy, yo me identifico como aprendiz. Una de las conferencias a las que más me gusta asistir, además de Hearts at Home para madres, es el Willow Creek Leadership Summit. En cada sesión, no paro de tomar notas, y siempre salgo equipada y animada como líder. Cuando asisto a las sesiones de las conferencias Hearts at Home (sí, yo lidero sesiones ¡pero también soy asistente!), salgo de allí con la sensación de comprender aún mejor el matrimonio, la crianza, el cuidado del hogar o cualquier otro tema.

¿Cuáles son las etiquetas de "hacer" que son importantes para ti y que te gustaría incentivar en tus hijos? ¿Qué estás haciendo para que esto suceda?

"Soy un lector".

....

"Me gusta explorar y descubrir cosas".

"Soy un artista".

"Toco el piano".

"Me gusta el ejercicio".

"Cuido bien a mis mascotas".

"Soy voluntario en el hogar de ancianos de mi abuela".

"Recojo dinero y juguetes usados para el refugio para mujeres de la localidad".

Cualquier etiqueta positiva que describe lo que "hacen" y que podemos incentivar en nuestros hijos, les ayudará a identificar y comunicar sus fortalezas. También compensan las debilidades que con frecuencia prevalecen en nuestra mente. Las etiquetas por lo que "hacen" identifican intereses, habilidades y fortalezas que nos ayudan a ver cómo Dios nos usa en este mundo.

ETIQUETAS POR LO QUE "SON"

Los hijos poseerán naturalmente etiquetas por lo que "hacen", pero son más importantes las etiquetas por lo que "son". Somos *seres* humanos, no *hechos* humanos. Lo que somos nos lleva a hacer lo que hacemos.

Escucha y observa quiénes son tus hijos y afirma específicamente lo que notas.

"Eres amable con tu hermano".

"Eres paciente mientras esperamos. Gracias".

"Eres compasivo. Me alegra que hayas ido a ver si tu amigo estaba bien".

"Fuiste obediente esta mañana".

"¡Me fascina lo alegre que eres!".

"Eres un amigo leal. Me gusta cómo recordaste hablar con tu compañero callado".

"Te sientes cómodo estando a solas. Me alegra porque esto me ayuda a pasar tiempo de calidad con tu abuelo".

....

"Eres ingenioso. ¡Qué buena solución!".

"Es muy divertido estar contigo".

Estas etiquetas por lo que "son" edifican el carácter de nuestros hijos, afirman aquello que son y lo que serán en su interior. A Dios le interesa mucho más lo que somos que lo que hacemos. Cuando nosotros mismos lo entendemos, podemos ayudar mejor a nuestros hijos a comprenderlo.

Cuando hablas con tus hijos acerca de la escuela, además de preguntar "¿Aprendiste algo interesante hoy?", pregunta "¿Qué clase de persona fuiste hoy en la escuela?". La primera vez que preguntes esto, tus hijos te mirarán raro, pero tú desearás que ellos piensen en estos términos. ¿Se comportaron como los niños amables y compasivos que tú estás educando o fueron mezquinos y egoístas? A veces lo que más necesitamos conocer no es el reporte de calificaciones ni los informes diarios en la red de maestros. Si damos un giro a las preguntas que formulamos, nuestros hijos pueden identificar mejor las fortalezas de carácter que deseamos que tengan en cuenta.

Cuando les ofreces una afirmación de tres elementos, aumentan las posibilidades de que estas cualidades que tú admiras se conviertan en la identidad que conforma la esencia de tus hijos. No abuses de esta fórmula. Úsala para una o dos cualidades que más quieres desarrollar en ellos ahora. Recuerda a Ricitos de Oro: ni demasiado, ni muy poco, sino la medida justa. Usa, pero no en exceso, esta clase de afirmación.

Así funciona la afirmación de tres elementos:

1. "Tú eres _____". (Expresa una cualidad positiva específica que has observado).
2. "Lo sé porque _____". (Presenta la evidencia que has observado o escuchado en el comportamiento. Así les resultará más sencillo creerte. "Porque" es una de tus palabras más poderosas. Te obliga a buscar ejemplos

....

específicos para afirmar a tu hijo, y aumenta tu influencia sobre ellos).

3. "Me alegra porque _____". (La razón por la cual te alegra que tus hijos posean esta cualidad puede motivarlos a cultivarla. Les presentas un propósito, que constituye una de las motivaciones que impulsan la excelencia).

He aquí un ejemplo: "Eres generoso. Lo sé porque cuando la tía Gina te dijo que iba a recoger alimento para el comedor de beneficencia, tú usaste tu dinero para comprar sopa cuando fuimos a la tienda. Me alegra porque Dios nos llama a servir primero a los demás".

Un ejemplo más: "Tienes autocontrol. Lo sé porque pudiste haberte quejado y protestado e incluso molestado a tu hermana cuando tuvimos que esperar a que papá terminara la reunión, pero no fue así. Has crecido y madurado, ¡y eso me alegra! El autocontrol es importante para ser obediente, y tú sabes que papá y yo queremos que seas obediente".

EL PODER DE LOS PAPÁS POSITIVOS

Si eres un papá y estás leyendo este libro, esperamos que disfrutes el primer libro de crianza que ha escrito Hearts at Home tanto para padres como para madres. Las siguientes dos secciones son específicamente para ti. Si eres madre y estás leyendo este libro, puede ser conveniente compartir las dos secciones siguientes con el padre de tus hijos, dado que su influencia es capital en sus vidas.

Cuando los hijos protestan porque sus padres esperan perfección, muchas veces mencionan a su papá. Para muchos hijos, el papá es quien examina sus calificaciones escolares y sus logros deportivos y artísticos y dice: "Puedes hacerlo mejor". Hace preguntas que sugieren que no está satisfecho. Esto lleva a los hijos a esta conclusión: "Nunca puedo complacer a papá". Esta es una identidad perjudicial para nuestros hijos que debemos evitar a toda costa. Tanto el padre como la madre deben optar por ser positivos cuando hablan con sus hijos. Es una elección. Siempre hay algo que los hijos pueden hacer mejor, más rápido, más pulido o más silenciosamente. Como padres debemos decidir si el "problema" precisa tratarse o no. Tenemos que pasar algunas cosas por alto. No toda montaña vale la pena escalarse. Recuerda que la meta es progreso y no perfección. Desarraigamos la infección de la perfección de nuestra crianza cuando tratamos con aquellas cosas que realmente importan en la vida.

Cuando hay conflictos con mis hijos y se exaltan las emociones, a veces me detengo y me cuestiono: "¿Importará esto dentro de diez años?". He llegado a la conclusión de que si la respuesta es afirmativa, debo pelear por ello; pero si la respuesta es no, desisto. A veces los padres pueden armar tormentas en vasos de agua. Causamos conflictos que sencillamente son innecesarios.

En la comunicación también es importante el tiempo. En los años en que fui una madre ama de casa, con frecuencia estaba sintonizada con las emociones y las luchas de nuestros hijos a lo largo del día e incluso en las horas posteriores a la escuela. Mark llegaba a casa después de trabajar y a veces hacía un comentario sin tener en cuenta el contexto de la situación. Muchas veces esto causaba conflicto matrimonial que podía haberse evitado. Con el tiempo, aprendimos a hablar por el teléfono celular cuando Mark terminaba la jornada laboral y estaba conduciendo a casa. Esto me permitía "resumir" el clima del hogar, las emociones de cada hijo, contarle cuál se había portado mal varias veces en la última media hora, y en qué debía ser cuidadoso. Así, cuando llegaba a casa del trabajo y veía los cubos de basura fuera de lugar, no entraba por la puerta para corregir a un hijo que ya había tenido suficiente con un día difícil. Claro que era preciso rendir cuentas, pero en el momento

....

apropiado y teniendo en cuenta el contexto de lo que había sucedido en casa a lo largo del día.

Papá, cuando es preciso hablar acerca de lo negativo, hazlo en un tono positivo y optimista para que tus hijos sepan que crees en ellos y en su capacidad para mejorar. Esto incluye señalar cosas que salieron bien aunque te haya desagradado parte de lo que han hecho. (Hablaremos más de este concepto en los dos capítulos siguientes cuando veamos los problemas y cómo ayudar a nuestros hijos a cambiar). Cuando tienes que hablar acerca de problemas y debilidades, comunica a tus hijos tu confianza en ellos y en su capacidad para cambiar.

ERES HERMOSA

Las niñas necesitan que su papá afirme su belleza. Si no lo hace, un día ellas buscarán a un hombre que lo haga. Con frecuencia, ellas sentirán que necesitan más de uno para llenar el vacío que deja la falta de afirmación de un padre. Las hijas que no son sanas emocionalmente caen en relaciones perjudiciales. Una de las etiquetas más importantes con las cuales necesita identificarse una hija es "Mi papá cree que soy hermosa". Eso es poderoso. Las chicas pueden ser lindas o tiernas cuando son pequeñas, pero necesitan graduarse a "hermosas". Es muy poderosa la afirmación que hace un padre de la belleza de su hija.

Los padres no deben exagerar los halagos acerca de la apariencia física. Conocemos a algunos hombres que entran en la iglesia con sus lindas hijas exhibiéndolas como trofeos. La etiqueta para una hija no debe ser "Mi padre me usa para llamar la atención". Su belleza les pertenece a ellas. No es para ti.

Los padres pueden comentar específicamente acerca del cabello, la piel, los accesorios, la ropa y otros detalles. Afirmar sus decisiones respecto a lo que hacen con su ropa, cabello y maquillaje es más importante porque esas buenas prácticas pueden repetirse.

Estas afirmaciones específicas se vuelven una buena estrategia para que los padres comuniquen sus valores.

* "Me parece perfecto el largo de tu falda. Estoy orgulloso de la madurez de tu decisión. Esto demuestra que eres cuidadosa contigo misma y respetuosa de lo que tu madre y yo queremos para ti y no de lo que Hollywood dictamina. ¡Eso es grandioso!".

* "Estoy orgulloso de ti porque no usas demasiado maquillaje. No tienes nada qué esconder. Eres hermosa tal y como eres. Sé que quieres usar maquillaje, y me complace que lo hagas solo para acentuar la belleza natural que Dios te ha dado".

* "Querida, me gusta ese pantalón corto de cuadros. Te gustan los estampados, ¿cierto? Eres hermosa por dentro y por fuera".

Es realmente útil que los padres sean conscientes de las preocupaciones e inseguridades de sus hijas. Cuando los papás saben qué pone a sus hijas nerviosas, pueden optar por hablar cuando esas situaciones se presenten. Si una hija piensa que carece de estilo, su papá puede decir: "La caída de tu falda te hace ver aun más elegante". Si una hija se preocupa por su gusto para vestir y lleva puesta una nueva prenda, el papá puede decir algo específico para animarla, como por ejemplo: "Ese tono de azul resalta el azul de tus ojos. Buena elección". O "Ese es un collar muy original; en verdad me gusta".

¿Es esta la clase de comentarios que hacen naturalmente los padres? Tal vez no. Es aquí donde las madres y los padres pueden trabajar en equipo porque los papás necesitan hacer esta clase de afirmaciones, ya sea que les resulte fácil o no. Muchas veces, a lo largo de los años, he susurrado al oído de mi esposo comentarios como: "Erica se hizo un nuevo corte de cabello. No olvides decirle algo". O "A Anne le quitaron hoy los frenos, y necesita que su papi comente acerca de sus lindos dientes". Por supuesto que papá no es el único que a veces necesita esos recordatorios. En muchas ocasiones, Mark también me ha susurrado algo al oído. "Acabo de enterarme de que Austin terminó con su novia hoy. Está un poco malhumorado. Necesita una dosis adicional de ánimo y gracia". En todos los aspectos de la crianza lo que vemos es una elección. Lo que oímos es una elección. Lo que decimos es una elección. Lo que hacemos es una elección. Hacer observaciones y comentarios positivos a nuestros hijos requiere esfuerzo, pero es indudable que vale la pena fortalecer la identidad de nuestros hijos.

Hacer comentarios positivos a nuestros hijos requiere esfuerzo, pero vale la pena fortalecer la identidad de nuestros hijos.

Si el padre de tu hija no participa activamente en su vida, te animamos a buscar a un hombre admirable que la anime como hemos señalado. Esta clase de comentarios pueden venir de un abuelo, un tío, un amigo de la iglesia o el papá de una de las mejores amigas de tu hija. A veces tenemos que interceder por nuestros hijos y ayudarles a llenar los vacíos que hay en sus vidas.

Por supuesto que los padres también deben decir a sus hijas que no solo son hermosas por fuera. La belleza exterior no puede ser la única etiqueta que los papás manifiestan a sus hijas. Complementar "Eres hermosa" con otras afirmaciones garantizará que sus hijas reciban etiquetas positivas para cada componente de su identidad.

- "He notado que cada vez es más fácil para ti recordar tus palabras del dictado y tus tablas de multiplicar. Estoy orgulloso de ti. Tu memoria está mejorando" (intelectual).

- "Aprecio mucho la manera en que permaneces tranquila cuando hay personas tensas a tu alrededor. Te conduces de manera serena y mesurada aun cuando la situación es caótica" (emocional).

- "Tu gran sentido del humor aporta mucho a la calidad de

tus amistades. Disfruto mucho escuchar sus bromas en la sala de estar" (social).

♪ "He notado que te concentras en tomar notas durante el sermón del domingo. Me anima mucho tu interés en Dios y en su verdad" (espiritual).

Nuestras palabras, tanto positivas como negativas, tienen mucho peso en la vida de nuestros hijos. Es importante que limitemos al máximo lo negativo y seamos específicos en lo positivo. Esto fortalecerá la identidad única de nuestros hijos y les ayudará a permanecer firmes en aquello para lo cual Dios los ha creado.

APLICA LOS ANTÍDOTOS

A medida que los hijos descubren quiénes son y se identifican tanto con las etiquetas positivas como negativas, nuestra interacción con ellos les ayudará a resistir la infección de la perfección. En tu relación con tus hijos debes mostrar...

Compasión

No es fácil descubrir lo que somos y lo que no somos. Es especialmente difícil procesar las etiquetas negativas de este mundo. Cuando tus hijos expresan inquietudes por su identidad, escucha y responde con empatía antes de tratar de ayudarlos a ver el lado positivo de las cosas. Este viejo dicho también se aplica a los hijos: "A la gente no le importa cuánto sabes hasta que saben cuánto te importan ellos".

Atención

En la crianza de los hijos a veces los pequeños detalles pueden ser realmente importantes. Si tus hijos restan importancia a algo que muy probablemente les trajo confusión o sufrimiento, observa con atención su estado emocional. Pide a Dios que aumente tu sensibilidad para percibir lo que hay más allá de la apariencia de una situación.

Aceptación

Aunque es fácil lanzar un comentario negativo para bromear acerca de tus hijos (especialmente aquellos que pueden catalogarse como los más fáciles o los más difíciles), resiste la tentación cuando puedes darte cuenta. Si se te escapa un calificativo negativo, contrarréstalo con varios positivos que dejen claro a tus hijos que los aceptas y que los ves mucho más allá de las etiquetas negativas. Acepta sus diferencias, sus limitaciones e incluso las luchas que enfrentas con ellos como parte normal de la crianza.

Amor

Nunca dirás demasiado a tus hijos que los amas. Sé afectuoso y generoso en el amor que les prodigas. Durante los primeros años nunca será demasiado todo lo que los abraces, consientas, beses en la mejilla y tomes de la mano. A medida que tus hijos crecen, los toques de amor ya no son parte de la vida cotidiana a menos que te lo propongas. Necesitas proponerte manifestarles amor físico poniendo tu mano en el hombro de tu hijo o dándole un apretón. Proponte decirles: "Te amo" siempre que puedas. Nunca dirás demasiado a tus hijos que los amas.

¿QUIÉN SOY?

A veces los hijos se sienten insignificantes e invisibles porque no saben de qué manera son únicos o por qué se les aprecia de manera especial. ¿Presentas siempre tus hijos a otras personas diciendo: "Estos son mis hijos"? En ese caso, puedes empezar a presentarlos de manera individual y por nombre, e incluso añadir adjetivos o frases según convenga. Puede ser algo más que "mi hijo mayor". Podría ser: "Este es Jack, mi veloz corredor". Considera qué los hace únicos en cada categoría que hemos presentado: intelectual, emocional, social, física y espiritual. Cuanto más te escuchan pronunciar sus rasgos únicos, descriptivos y positivos, ¡más empezarán ellos a definirse en términos positivos!

LA HISTORIA DE CHRISTY

A mi hijo mayor nunca le fue bien en la escuela. No es que le faltara inteligencia, sino que la escuela le parecía aburrida, y el aspecto social de ella lo abrumaba. Se habría graduado este año, pero durante muchos años prefirió no hacer sus deberes. Así que el maravilloso, dulce e inteligente muchacho no estaba en último año de secundaria sino que había empezado su tercer año y terminó en el segundo. Como no quería ser más humillado, decidió que no volvería a la escuela y, en lugar de eso, obtendría su diploma de educación general.

Durante la temporada de graduaciones me sentí enojada y decepcionada. Mis amigas con hijos de la misma edad hablaban de lo orgullosas que se sentían de sus hijos por haber obtenido la calificación más alta posible, haberse graduado dentro del 10 por ciento de los mejores estudiantes, etc. Y ahí estaba yo con todos esos planes maravillosos para mi hijo, mis sueños de que obtuviera un buen promedio de calificaciones, se graduara y subiera orgullosamente a la plataforma. Casi no puedo superar el hecho de que no hubiera funcionado como pensé. Entonces me di cuenta de que aquellos eran *mis* esperanzas y sueños.

Mi hijo tiene dieciocho años, y ha tomado decisiones acerca de su futuro durante varios años. Es un gran aprendiz y sabe todo sobre el *Titanic*. Siempre ha podido sostener conversaciones adultas con otras personas, incluso desde niño. Le dijimos vez tras vez que si no hacía sus deberes, no lograría graduarse a tiempo. Y ese fue el camino que eligió. Nosotros también queríamos que él fuera mejor que nosotros. Por alguna razón él había decidido tomar el camino más difícil. Y entonces entendimos: aunque nosotros habíamos sido buenos estudiantes, él era como mi esposo y como yo. Ambos tomamos malas decisiones, especialmente en nuestros años de juventud.

Cuando nuestro hijo nos dijo que se sentía un fracasado, nosotros le respondimos que tener un mal desempeño escolar no significa haber fracasado en la vida. ¡Solo tiene dieciocho años! Es un joven amable, considerado, amoroso, sensible, tierno y compasivo, y no estoy segura de que sea posible "enseñar" eso. No es perfecto, pero tampoco lo somos nosotros. Creo que es importante recordar que tenemos que confiar en que Dios forme a Noé como él quiere que sea. No como nosotros lo queremos. ¡Una dura lección para mamá y papá![19]

19. Christy Hammer. Usado con permiso.

CAPÍTULO 7

¿SOY UN *fracaso*?

Si somos francos, probablemente admitiríamos que algunas preguntas que formulan los hijos también nos las hacemos los adultos. "¿Soy un fracaso?" es una de esas preguntas que surge en la mente adulta de vez en cuando. Es una pregunta esencial de identidad que todos nos planteamos.

En una cultura contaminada con la infección de la perfección, esta pregunta tiene más peso aún. *Si no soy perfecto, tal vez sea un fracaso* es una conclusión natural si solo miramos los extremos. Sin embargo, los extremos no son el reflejo de lo que sucede en la vida real. El punto medio de la gracia es donde necesitamos ponernos a nosotros mismos y a nuestros hijos. Después de todo, la meta es el progreso. No se trata de ser perfecto, sino de ser perfeccionado por Dios, quien tiene un plan para nuestras vidas.

CAMBIA DE ADJETIVO A VERBO

Si has tenido alguna vez la oportunidad de usar un torno de alfarero, sabes que el montón de barro inicial se ve completamente diferente después de que lo has girado, presionado, cortado, moldeado, apretado, humedecido y formado. La vasija de barro que resulta ha pasado por un proceso intenso antes de convertirse en un artefacto útil. Nosotros también somos como barro en el torno de un artesano. De hecho, la Biblia nos recuerda: "Tú eres nuestro Padre; nosotros somos el barro, y tú el alfarero. Todos somos obra de tu mano" (Is. 64:8). Esta verdad se aplica a nosotros y, definitivamente, a nuestros hijos.

Nuestros hijos están en proceso de crecimiento, y cuanto más lo recordamos, más gracia y amor tendremos para ofrecerles a lo largo del camino. Así como cuando aprendieron a caminar, van a tropezar, chocar, caerse, retroceder y volver a intentar. Aprenderán, olvidarán, sentirán miedo, encontrarán valor y tomarán riesgos en el proceso de crecer. No serán perfectos, pero sí perfeccionados.

Cuando el adjetivo *perfecto* se cambia por el verbo *perfeccionar*, ocurre algo más que un cambio de definición. El adjetivo "perfecto" significa ideal o sin defecto; en cambio, el verbo "perfeccionar" significa "mejorar".[20] Un alfarero que está dando forma de vasija al barro está "mejorando" el barro para que pueda ser útil. Tal vez lo convierta en un jarro, un tazón o un vaso. Dios está "mejorando" a cada uno todos los días a fin de que también podamos ser útiles. Si puedes recordar esa verdad cuando tus hijos cometen errores, esto les ayudará a saber que están siendo perfeccionados, pero que de ninguna manera son un fracaso.

¿ES TU HOGAR UN LUGAR SEGURO DÓNDE EQUIVOCARSE?

Uno de mis oradores favoritos en Hearts at Home es el doctor Kevin Leman. Es la clase de persona sincera y espontánea que dice lo que piensa. Durante un mensaje de apertura habló sobre la realidad de vivir con los errores de nuestros hijos. Él dijo: "Cuando tu hijo

---

20. *Diccionario de la lengua española*, www.rae.es.

derrama algo, no necesita un discurso sino un trapo para limpiar".

Me encanta la sencillez de esta afirmación porque me recuerda, de manera graciosa, que debo guardar la calma y ser práctica aún frente al desorden con los hijos en casa.

A manera de ejemplo, contaré algo parecido que sucedió en mi casa cuando escribía este capítulo. Mientras limpiaba la mesa del comedor después de una comida, encontré una gran mancha de tinta morada en un asiento, y dije: "¡Cómo es posible! ¿Qué es esto?". A Mark le pareció que era tinta de rotulador morado. Yo dije: "Sí, pero ¿quién usa un rotulador morado aquí?".

En ese momento, mi hijo de dieciséis años, ¡MI HIJO DE DIECISÉIS AÑOS! dijo: "Bueno, yo me senté allí cuando hice la tarjeta de cumpleaños de papá. Supongo que el rotulador morado traspasó el papel. Lo siento, mamá". Le di al chico un potente limpiador que desafortunadamente no quitó la mancha. Todos reímos y dije: "Supongo que tendremos que dejarle la tarea al tiempo".

Confieso que no siempre ha sido tan fácil cometer un error en el hogar Savage. He llegado a entender la importancia de la gracia en años recientes. Si puedo ahorrarte algún sufrimiento a ti y a tus hijos, quisiera animarte a extender, cuanto antes, gracia en lugar de enojo. No hagas tormentas en vasos de agua. No des rienda suelta a tus emociones frente a una situación. Demuestra autocontrol, y responde algo así como: "Está bien, todos cometemos errores". Y si tus emociones prevalecen en algún momento, sana la herida causada en la relación diciendo: "Siento mucho haber perdido la calma. ¿Por favor, me perdonas?".

Si todos estamos en proceso de crecimiento, todos cometeremos errores. Si cometemos errores, todos experimentaremos sentimientos de fracaso. Pero si vivimos en un ambiente seguro para cometer errores, será mucho más difícil concluir que *somos* un fracaso por cometerlos. Se trata de progreso, no de perfección. Son errores, no fracaso.

....

ACÉPTATE A TI MISMO Y ACEPTA TU PASADO

Antes de caer en la pregunta "¿Soy un fracaso?" que hacen los hijos, hagamos una pausa para entender cómo nuestra propia crianza afecta en el presente la manera como vivimos y cómo criamos a nuestros hijos. Cualquiera sea nuestra opinión respecto a como fuimos criados, es común que repitamos algunas experiencias de nuestra infancia en nuestro hogar actual. A veces lo hacemos de manera intencional, y a veces sencillamente ocurre de manera natural.

A Mark y a mí nos gusta llamar los primeros dieciocho años de nuestra vida, cuando éramos jóvenes y vivíamos con nuestros padres, nuestro "periodo de prácticas" en casa. Allí fue donde aprendimos acerca de la comunicación, el conflicto, Dios, el trabajo, la responsabilidad, el enojo, la gracia, las relaciones y más. Cuando nos casamos y evaluamos las prácticas en casa, descubrimos que, para algunas áreas de nuestra vida juntos, fueron muy útiles. Sin embargo, en otras áreas decidimos que necesitábamos comenzar un nuevo periodo de prácticas. Por ejemplo, en su hogar, Mark desarrolló una sólida ética de trabajo que ha sido una inmensa bendición para nuestra vida juntos. Pero también aprendió allí que el conflicto se manejaba básicamente con ira. Por esto descubrió que necesitaba un nuevo periodo de prácticas para aprender la resolución de conflictos. Yo también la necesitaba, dado que en mi hogar había aprendido a ocultar el conflicto en lugar de enfrentarlo de manera constructiva. Nuestro periodo de prácticas consistió en leer libros sobre solución positiva de conflictos, consultar a un consejero cristiano y rendir cuentas a los amigos.

Ninguno de nosotros ha recibido una crianza perfecta, pero en la mayoría de los casos nuestros padres hicieron lo mejor que pudieron considerando lo que eran o lo que sabían. La mayoría de los padres no se proponen ser malos. Conviene mirar en retrospectiva si hay algo que necesitamos perdonar a nuestros padres y a nosotros mismos. Mirar atrás para entender lo que hemos traído al futuro es útil, pero hacerlo para juzgar no es provechoso para nadie.

....

Si fuiste criado por padres perfeccionistas, puede que seas muy duro contigo mismo porque quieres ser perfecto en todo, incluso en la crianza de tus hijos. También les puedes transmitir a tus hijos la infección de la perfección. Si leyendo el capítulo 2 respondiste positivamente a muchas preguntas acerca de los efectos negativos del perfeccionismo, esto explica por qué es más probable que te cueste tanto afrontar los errores de tus hijos de manera constructiva. Puede que te consideres un fracaso (no lo eres) al igual que tus hijos (no lo son). Esto no significa que no puedas crecer o que a tus hijos les vaya mal. Rendir cuentas a personas de tu confianza puede ayudarte a romper esos hábitos.

La mayoría de los padres no se proponen ser malos.

Sinceramente creo que, para disminuir tu influencia negativa, necesitas proponerte seriamente crear un ambiente seguro para los errores. Hay mucho que puedes leer para sanar y reflexionar, empezando con la Biblia. A algunos padres les resulta de gran ayuda buscar consejería o un mentor en cuestiones personales. Rendir cuentas a personas de tu confianza para lograr cambiar te puede ayudar a poner fin a malos hábitos. Nuestra propia voluntad de cambiar el estilo de crianza llega hasta cierto punto. Algunas veces necesitamos tomar con seriedad hacer un periodo de prácticas en algunas áreas en las que necesitamos mejorar. Esto no solo es de provecho personal, sino que puede afectar positivamente a tu familia por generaciones.

¿POR QUÉ COMETEN ERRORES LOS HIJOS?

Todos sabemos que nuestros hijos no son un fracaso. Puede que fallen una que otra prueba, pierdan un torneo, no obtengan un aumento en su primera evaluación en el trabajo, pero nada de eso los convierte en fracasados. Pero sí van a cometer errores, ¡porque son humanos!

A fin de ayudar mejor a nuestros hijos a superar sus errores y a no sentirse como unos fracasados, debemos saber por qué los cometen.

Debemos escuchar atentamente y observar con cuidado para detectar las causas y así saber cómo apoyarlos. Exploremos ocho razones por las cuales los hijos cometen errores.

1. Necesitan más experiencia.

Cuando los hijos se quejan porque la escuela les parece difícil, recuérdales que si fuera fácil, no la necesitarían. El estudio, al igual que gran parte de la vida, se trata de aprender nuevas cosas. Debemos dejar claro a nuestros hijos que no son tontos cuando no logran entender algo. Si creen eso por mucho tiempo, no solo dejarán de esforzarse, sino de soñar y de creer en el futuro. Los errores son parte de la vida, y a menudo surgen cuando necesitamos más experiencia.

2. Necesitan que se les enseñe para ser exitosos.

Los errores pueden ocurrir cuando las tareas y los contenidos son nuevos y no se les ha dado la instrucción necesaria. A los hijos les puede gustar intentar por sí solos algo nuevo, pero pueden experimentar gran frustración cuando intentarlo por cuenta propia no funciona. Esto es común en niños pequeños que intentan imitar a sus hermanos mayores. Cuida su autoestima cuando observas que la razón por la cual cometieron un error es simplemente falta de instrucción.

3. Necesitan más tiempo para aprender algo.

Los errores ocurren porque los hijos no han aprendido algo bien, aunque hayan iniciado la instrucción. Estos errores son parte del aprendizaje. Ocurren y no son culpa de nadie. No suceden porque tu hijo decida cometerlos intencionalmente. Tampoco porque el adulto que le enseñó dio una explicación deficiente. No te apresures a culpar a tus hijos cuando comenten errores. No es sano para ellos ni para ti. Los niños aprenden haciendo y experimentando.

Nosotros somos iguales. ¿Cómo aprendiste a conducir? Haciéndolo de manera imperfecta por un tiempo. ¿Cómo decidiste cuál sería tu salsa de barbacoa preferida? Probando varias cuando cocinabas. ¿Cometiste un error? No. Simplemente fue una experiencia de "aprender haciendo", no de "equivocarse haciendo". Es importante el lenguaje que usamos para hablar acerca de los errores; esto incluye lo que decimos a nuestros hijos y lo que nos decimos mentalmente a nosotros mismos cuando pensamos sobre ellos.

4. Necesitan una motivación sana para hacer bien las cosas.

A veces los hijos cometen errores porque no quieren soportar la presión adicional que supone la excelencia. Tal vez el maestro de tu hijo pida siempre su participación porque él siempre es atento y sabe la respuesta, pero tu hijo quiere descansar un poco de eso. Tal vez los compañeros hayan molestado a tu hija por ser "la consentida de la maestra". Puede ser que tu hijo mayor sienta que toda tu felicidad descansa sobre sus hombros. Esa es una motivación perjudicial que pone demasiada presión sobre un hijo.

5. Necesitan nuestra comprensión y atención.

De vez en cuando, los hijos fallan en algo o cometen un error solo para probarnos. Enfrentémoslo: son personitas inteligentes aun desde pequeños, y aprenden muy temprano el poder de la manipulación. A veces expresan su enojo hacia nosotros haciendo mal algo que consideramos importante. En estos casos es importante reaccionar con comprensión. En el momento apropiado, y conforme a su edad, diles que comprendes su enojo o frustración. Pero ayúdales también a ver sus decisiones equivocadas y cómo preferirías que ellos te expresaran más bien sus sentimientos.

6. Necesitan más ejemplo e instrucción sobre el carácter y la obediencia.

A veces los errores son un problema del carácter. Los hijos hacen

....

apresuradamente una tarea para poder volver a sus videojuegos. Pueden preferir no revisar su trabajo porque el orgullo se interpone y están convencidos de que no han cometido errores. Pueden volverse impacientes consigo mismos o con otros y dejar de cumplir sus trabajos o deberes. Como padres debemos discernir si nuestros hijos cometen errores de juicio esporádicos o si han desarrollado malos hábitos en el carácter que precisan tratarse.

7. Necesitan ejemplos e instrucción para aprender el autocontrol y a respetarse a sí mismos y a los demás.

En ocasiones, las fortalezas de los hijos los meten en problemas. ¡Lo bueno en exceso se vuelve malo! Por ejemplo, los hijos con inteligencia verbal pueden hablar demasiado. Los hijos con inteligencia lógica y gran curiosidad pueden hacer preguntas para distraerte y prolongar la hora de dormir. Los hijos con inteligencia gráfica pueden dibujar en un reporte que has dejado sobre la mesa, y los hijos con habilidades musicales pueden percutir con sus dedos o lápices hasta que se vuelve insoportable. No queremos frustrar sus talentos con reacciones exageradas o críticas, pero debemos enseñarles el concepto de autocontrol y respeto a los demás.

8. Necesitan sueño, comida, y/o estabilidad emocional.

¿Tienes a veces un mal desempeño o tomas malas decisiones cuando estás cansado, hambriento o emocionalmente vulnerable? Los hijos también. Tal vez descubras que a tu hija le conviene empezar a hacer sus tareas después de comer un tentempié. Puede que a tu hijo le resulte difícil cumplir una larga jornada escolar y necesite acostarse media hora antes de lo que habías pensado. Para detectar patrones de comportamiento, puedes llevar un registro escrito de sus malos comportamientos en un calendario o una lista. Después de llevar un registro por varios días de los errores y malos comportamientos junto con las personas presentes, si era cerca de la hora de comer, o si estaban cansados, puedes muchas veces identificar posibles estrategias para corregir la mala conducta.

En el momento en que ocurren los errores está bien confesar que nuestros hijos no están fracasando ni son fracasados. Busca momentos en los que los niños son sensibles y necesitan la confirmación de que las personas aprenden cometiendo errores. Tal vez no te agraden sus errores, y haya que aplicar disciplina, pero también déjales claro que sabes que no son tontos. Es importante siempre dejar claro a los hijos que no son errores aun cuando cometen errores. Tal vez sea el mensaje más importante que debamos comunicar cuando nos sentimos frustrados. Esto los reconforta aún en los momentos más críticos de la vida.

¿CÓMO PODEMOS ANIMAR A NUESTROS HIJOS?

Es esencial crear una cultura de ánimo en nuestros hogares. Cuando *animamos* a los hijos, les infundimos valor. Esto los capacita, los libera, y los fortalece. Cuando el ánimo es la norma, los hijos aprenden que pueden asumir riesgos, intentar cosas novedosas, pedir ayuda y cometer errores sin el miedo a perder la aceptación, el amor y el apoyo de sus padres.

El ánimo también te capacita, libera y fortalece. Es lo que te ayudará a ser compasivo y coherente. El valor te permitirá amar a tus hijos incluso en los días en los que te decepcionan. El valor también te dará la fortaleza para disciplinarlos con reglas y consecuencias que resultan de sus decisiones.

Estoy convencida de que tú deseas promover una cultura alentadora en tu casa, pero también sé que no siempre es fácil. Nos frustra ver nuestras debilidades reflejadas en nuestros hijos, gritar cuando sabemos que no es lo mejor, y cuando nos falta la energía para arreglar la ropa por cuarto día consecutivo. Luego nuestra hija derrama la leche, nuestro hijo entra por el patio lleno de barro y toda la noche la pasan peleando.

La vida no es fácil. El cansancio es normal, y la frustración también. Aprender a no actuar con hostilidad en nuestra frustración es un proceso en el que tanto nosotros como nuestros hijos necesitan gracia. Sin embargo, hay pasos que podemos tomar para lograr una atmósfera más alentadora en el hogar. Escoge y enfócate durante unas semanas en una o dos de las siguientes estrategias:

1. *No esperes perfección.* Cuando esperamos perfección, notamos cada detalle de lo que sale mal y eso crea un ambiente de desaliento.

2. *Alienta el comportamiento ingenuo.* Hay una diferencia entre el comportamiento inmaduro y el comportamiento ingenuo, según cada edad. Desalienta el primero y promueve el segundo.

3. *Valora lo que tus hijos aprenden.* Debemos prestar tanta atención a lo que se aprende como a las calificaciones que se obtienen, los logros deportivos y los conciertos. De esta manera comunicamos a nuestros hijos que ellos son más que lo que hacen y logran.

4. *Sé optimista.* Decidimos ser optimistas cuando ayudamos a los hijos a estudiar y a practicar, y cuando les preguntamos cómo fue su día. Al igual que los otros aspectos de la crianza, el optimismo es una elección. No significa que esperamos perfección. El optimismo es adoptar la visión más esperanzadora y animada, y esperar el mejor resultado.

5. *Rehúsa juzgar cada desempeño.* Aunque nuestros hijos esperan ser evaluados, nosotros no los juzgamos ni calificamos todo lo que hacen. Nuestro comportamiento pasado, los maestros y entrenadores, los juegos y aplicaciones que usan los niños, y los programas de torneos televisivos ya han

....

enseñado a nuestros hijos que alguien va a evaluar su desempeño. Una manera de subrayar la importancia del aprendizaje en lugar de los resultados es no preguntar siempre sus puntajes o calificaciones.

6. *Pregúntales cómo se sienten.* Cuando hablamos acerca de una de sus competencias deportivas, conciertos o exámenes, preguntemos primero cuán satisfechos se sienten con el resultado. Si obtuvieron un 95 por ciento cuando querían un 100 por ciento, nuestra alabanza no será oída. Si ellos obtienen un 83 y están agradecidos de no obtener un puntaje peor porque el examen era más difícil de lo esperado, nuestro descontento los desanimará. Las conversaciones de doble vía sobre calificaciones, conciertos y competencias son más provechosas que juicios de una sola vía.

7. *Observa sus fortalezas.* Comenta sobre sus fortalezas de carácter, actitud y acciones para que las usen para compensar las debilidades y ayudarles cuando tratan de mejorar sus áreas débiles.

8. *Despreocúpate de sus limitaciones.* Comprende que algunas áreas serán siempre limitaciones para nuestros hijos sin importar cuánto se esfuercen. Evita preocuparte, y recuerda que tú también tienes debilidades y que no te limitaron tanto como quizá tus padres pensaron. Tratar de obligar a tus hijos a cambiar algo que no pueden mejorar es la forma más segura de desanimarlos. Si es preciso, debemos cambiar nuestras esperanzas y expectativas acerca de ellos. No hemos fracasado, y ellos tampoco. Ser diferente no es malo. Es solo diferente.

9. *Festeja logros reales.* Cuando un hijo merece que lo feliciten por algo significativo (por ejemplo, ninguna mala calificación por primera vez en un año, o un torneo de fútbol, o la exhibición de una obra de arte en la biblioteca del condado),

....

159

no inventes celebraciones falsas para los otros hijos para ser "justo". Usa estas oportunidades para enseñar a los hijos a apreciar sinceramente a sus hermanos, sus talentos y su decisión de usarlos bien.

10. *Preséntales personas que se han superado.* Habla acerca de parientes y conocidos que sabes que han superado grandes obstáculos para ser exitosos y felices. Lee biografías y autobiografías de personas que han sido muy exitosas a pesar de haber luchado mucho. También puedes señalar héroes de la Biblia como David, Pablo, Pedro y Moisés. Estos ejemplos pueden ayudarte a convencer a tu hijo de que la perfección no debe ser su expectativa ni su meta, sino que aprender de sus errores constituye una meta o expectativa mejor. Todos podemos aprender nuestras más grandes lecciones de nuestros más grandes desafíos. Es decisión nuestra.

Mira el futuro con esperanza y con la expectativa de que Dios te ayudará si se lo pides.

11. *Diviértanse juntos.* Juega con tus hijos. No planees cada minuto de la agenda semanal, sino deja espacio para aceptar con más frecuencia lo que tus hijos te proponen hacer. Las relaciones se profundizan mientras construyes fuertes y tomas el té con tus pequeños, y haces compras y ves juegos deportivos con tus hijos mayores. Los momentos divertidos y relajados que comparten hacen más llevaderos los momentos difíciles, y contribuyen en gran manera a la creación de una cultura familiar alentadora.

Sé paciente contigo mismo a medida que intentas mejorar el ambiente familiar para que sea más alentador para todos. Si escoges demasiadas cosas para cambiar, tú y tus hijos se sentirán abrumados y habrá poco progreso. No mires el pasado con vergüenza o culpa. Mira el futuro con esperanza y con la expectativa de que Dios te ayudará si se lo pides. La Biblia nos dice: "Lo que es imposible para los hombres es posible para Dios" (Lc. 18:27).

¿QUÉ HAY DE LOS PROBLEMAS GRANDES?

Como presidente ejecutiva, yo lidero el equipo directivo de Hearts at Home. Las mujeres de mi equipo son madres que se encuentran en la misma etapa de la maternidad que yo vivo en este momento, es decir, todas somos madres de adolescentes o de jóvenes adultos. Cuando nos sentamos en nuestras reuniones semanales, muchas veces empiezo con la pregunta: "¿Cómo está todo en casa? ¿Han arrestado a alguien? ¿Han suspendido a alguien en la escuela? ¿Han hecho nuevos descubrimientos desde nuestra última reunión?". Hago la pregunta con cierto humor, pero todas apreciamos tener un lugar dónde ser abiertas y sinceras acerca de las diversas luchas que vivimos en casa sin juicios, sin vergüenza. Vida real y nada más. Todas en el equipo hemos enfrentado problemas un poco más serios con nuestros hijos.

Si tienes adolescentes o jóvenes adultos, podría darte alivio leer esto. Es reconfortante saber que, como madre, no estás sola. Cuando tus hijos son pequeños, la crianza es agotadora físicamente. Cuando tus hijos crecen, la crianza es agotadora emocional y mentalmente. Sus problemas se vuelven más grandes. Están en juego cosas más serias. Los errores traen consecuencias más graves. Aceptar a cada hijo por lo que es cobra un nuevo significado.

Si todavía tienes hijos pequeños, no te asustes cuando leas los posibles desafíos que te esperan. Da gracias por la etapa de la crianza que vives ahora y por aprender en este momento cómo deshacerte de la infección de la perfección. Te ayudará algún día cuando enfrentes problemas más serios con tus hijos. No tienes que sentirte agobiada por lo que otros piensan mientras tú intentas ayudar a tus hijos cuando su futuro está en juego.

La buena crianza no garantiza que tus hijos tomarán buenas

decisiones. Eso es cierto cuando tu pequeño hace una pataleta en el zoológico, y también lo es cuando tu hijo se convierte en padre a los dieciséis. No eres un fracaso porque esas cosas sucedan, y tampoco tu hijo lo es. La buena crianza no es garantía de que tu hijo no sufrirá problemas emocionales o mentales. A veces a nuestros hijos los afecta la genética, a veces la cultura, y a veces sencillamente tienen luchas.

Ningún padre o madre quiere oír estas palabras, pero algunos de nosotros las hemos oído o las oiremos:

"Hoy me expulsaron de la escuela".
"Estoy embarazada".
"Mi novia está embarazada".
"Creo que soy homosexual".
"Estoy en la cárcel".
"Abandoné la escuela y perdí mi beca".

Ningún padre o madre quiere oír esto acerca de sus hijos, pero algunos lo hemos oído o lo oiremos:

"Su hijo tiene esquizofrenia. Vivirá con eso por el resto de su vida".
"Su hija tiene un desorden alimenticio. Necesita ser internada".
"Su hijo fue descubierto robando en nuestra tienda".
"Descubrí a su hija haciendo trampa en un examen".
"Su hijo tiene depresión clínica severa. Acaba de intentar suicidarse".
"Su hijo adoptivo padece un trastorno reactivo de vinculación. Tiene heridas profundas de su pasado".

Ningún padre o madre quiere decir estas palabras a su hijo o hija, pero muchos las hemos dicho o las diremos:

. . . .

"¿Qué son esas marcas en tu brazo? ¿Te estás cortando a ti mismo?".

"¿Quisieras explicarme esa pipa de vidrio que encontré en tu habitación?".

"¿Qué hace esta botella de alcohol en el fondo de tu armario?".

"Me dijiste que pasaste la noche en la casa de un amigo, pero su mamá me dijo que no estuviste allí".

"¿Qué son esas pastillas que encontré en tu auto?".

"¿Puedes explicar qué son estas revistas que encontré debajo de tu colchón?".

Si has oído o pronunciado alguna de estas declaraciones o algo parecido, detente y recuerda la verdad. Tu hijo no es un fracaso. Tú no eres un fracaso como padre o madre. Así es la vida. Se toman decisiones. Se dan diagnósticos. Se hacen descubrimientos.

Y Dios es más grande que todo eso.

Estas situaciones pueden desgarrar a los padres o hacerlos más fuertes. Pueden dividir un matrimonio o unirlo aún más. Si tu crianza padece la infección de la perfección y te preocupa lo que otros piensan o las apariencias, probablemente estas circunstancias te hagan trizas. Pero si has superado la infección de la perfección en tu crianza y has aprendido a amar a tus hijos tal como son, descubrirás que estas situaciones te hacen más fuerte. Llevarás la compasión a un nuevo nivel, tendrás una percepción más aguda, tendrás más voluntad de aceptación, y amarás más profundamente que antes. Tal vez no lo sepas, pero el árbol genealógico terrenal de Jesús incluye adúlteros, asesinos, prostitutas, mentirosos, entre otros. Para Dios la congoja no es el fin. Él entiende los errores y puede hacer algunas de sus mejores obras en medio de las grietas de nuestras vidas y las grietas de las vidas de nuestros hijos.

Las elecciones o diagnósticos de tus hijos no te definen. Las elecciones o diagnósticos de tu hijos tampoco los definen a ellos. A veces la imperfección llega a ser muy evidente, y cuando sucede es importante mantener una perspectiva piadosa. Incluso en la situación más dura en la vida, sea cual sea su causa, Dios te dará lo que necesitas. Podrás decir como mi amiga Jennifer Rothschild: "Mis circunstancias no están bien, pero mi alma sí lo está".

En situaciones difíciles de la crianza, he recibido fortaleza y esperanza en el Salmo 34:18: "El Señor está cerca de los quebrantados de corazón, y salva a los de espíritu abatido". Realmente me gusta cómo lo expresa la versión Dios Habla Hoy: "El Señor está cerca, para salvar a los que tienen el corazón hecho pedazos y han perdido la esperanza". Enfrentémoslo: hay ocasiones en las que criar niños imperfectos nos hace sentir con el corazón hecho pedazos. En esos momentos, más que nunca, nuestros hijos necesitan saber realmente que los amamos tal como son.

APLICA LOS ANTÍDOTOS

A medida que nuestros hijos aprenden a procesar los errores, e incluso llegan a apreciarlos, es aun más importante aplicar con generosidad los antídotos de la infección de la perfección. Nuestras respuestas que comunican vida les infunden el valor para seguir adelante aún cuando las situaciones se ponen difíciles. Aplica grandes dosis de…

Compasión

Cuando los hijos cometen errores, quieren saber que alguien se preocupa por ellos. También quieren saber que no están solos. Si puedes contarles alguna ocasión en la que cometiste un error parecido, creerán más fácilmente que tú sí entiendes.

Aceptación

Si percibes que tu hijo está siendo muy duro consigo mismo, pasando de "Cometí un error" al "Soy un fracaso", no dudes en intervenir para señalar lo que tú percibes que está sintiendo (o diciendo de sí mismo). Tranquilízalo diciéndole que los errores son normales y que lo importante es aprender de ellos.

Aceptación

Cuanto más aceptamos a nuestros hijos, más se aceptarán a ellos mismos. Acepta lo que es difícil para ellos y, de ser necesario, ayúdales a buscar maneras de compensar su debilidad (por ejemplo, si tienes un hijo que tiene mala ortografía, enséñale a escribir su estatus en Microsoft Word antes de ponerlo en Facebook, para que pueda aprovechar el corrector automático). Aceptar no significa estar de acuerdo. Si estás enfrentando un problema grande con tu hijo, aceptarlo significa sencillamente reconocer la realidad de las circunstancias de tu hijo.

Amor

Cuando amamos a nuestros hijos en hechos y en palabras, sin importar los errores que cometan, ellos logran comprender lo que es el amor incondicional. Dios nos ama de esa manera. Una forma en la que todos somos "perfeccionados" es en aprender a amar cada día más como Él. Da gracias a Dios hoy porque, por medio de la crianza, puedes aprender más acerca del amor incondicional.

¿SOY UN FRACASO?

Animar a los hijos cuando cometen errores o sienten que son un fracaso es un privilegio y una gran responsabilidad. Cuando los animamos, les infundimos el valor para que se esfuercen y superen sus dificultades. También les ayudamos a comprender que aprender de los errores es parte fundamental del proceso de crecimiento. Aun en los momentos difíciles de la crianza, seamos quienes alientan el proceso de modo que nuestros hijos no consideren los errores un fracaso.

....

CAPÍTULO 8

¿CUÁL ES mi PROPÓSITO?

Cuando nuestros hijos eran pequeños, la rutina de acostarlos incluía una historia y oración juntos. Cuando les enseñamos a orar, los animábamos a "completar frases" como por ejemplo: "Dios, te alabo porque eres _____ (santo, fiel, verdadero, bueno, amoroso, etc.). Dios, por favor perdóname por _____ (pegarle a mi hermana, mentir a mamá, etc.). Dios, gracias por _____ (mi maestra, mis amigos, mi familia, la oportunidad de ver a mi abuela hoy). Dios, te pido que ayudes a _____ (mí, mi hermana, mi amigo, mi abuela, etc.)". Esto les ayudó a aprender cómo hablar con Dios sin que se limitaran a una lista de compras con una mentalidad de "dame y dame". Si hubiera sabido entonces lo que sé ahora acerca de tener una visión para el propósito de mis hijos en este mundo, también hubiera orado con ellos y por ellos respecto a su propósito en este mundo. Enseñarles a hablar con Dios es una tarea grandiosa que le da prelación a lo que más importa en la vida, en el corazón y en la mente de tus hijos.

Todo ser humano anhela significado en la vida. Entender por qué estamos en el mundo y la influencia que podemos tener en él nos da un valor inherente como miembros de la sociedad y también como miembros de la familia de Dios. Todos tenemos un propósito general y uno específico en este mundo. Exploremos ambos propósitos.

LOS GRANDES PROPÓSITOS DE DIOS PARA NOSOTROS

En el Salmo 8:3-4, el rey David habla del propósito cuando pregunta a Dios: "Cuando contemplo tus cielos, obra de tus dedos... me pregunto: ¿Qué es el hombre, para que en él pienses? ¿Qué es el ser humano, para que lo tomes en cuenta?". En esencia, lo que David dice es: "Dime, Dios, ¿por qué te has tomado la molestia de crearnos?". Dios creó a los seres humanos para que tuvieran una relación con Él y entre sí. Lo necesitamos. Hay un vacío con forma de Dios en todos nosotros, uno que intentaremos llenar con otras cosas a menos que Él esté en nuestro corazón. Dios no entra a la fuerza en nuestra vida, sino que extiende su mano y nos invita a tomarla. Esto sucede cuando decimos algo como: "Dios, te necesito. Necesito que guíes mi vida. Te doy gracias por enviar tu Hijo Jesús para morir en mi lugar. Gracias por tu gracia y por tu salvación".

Cuando Dios guía nuestras vidas, nos permite ser partícipes de su obra y de su plan para que podamos aprender más acerca de Él y de nosotros mismos. Hay cuatro propósitos generales en nuestra relación con Dios.

Propósito 1: Alabar a Dios

Cada niño concebido ha sido creado por un Dios amoroso que tenía un plan en mente y sabía lo que estaba haciendo. Tenía una visión para su vidas, y sigue teniéndolo. David, el autor de muchos salmos, lo expresó de esta manera: "Tú creaste mis entrañas; me formaste en el vientre de mi madre. ¡Te alabo porque soy una creación admirable! ¡Tus obras son maravillosas, y esto lo sé muy bien!" (Sal. 139:13-14). Desde temprana edad, los niños pueden aprender a ser agradecidos con Dios por haberlos hecho. Dios no tenía la obligación de hacerlos, pero así lo quiso. Él creó a cada uno de manera única ("soy creación admirable") y Él quiere que admiremos lo que ha hecho ("tus obras son maravillosas").

Es preciso un patrón de pensamiento enfocado en la gratitud para vivir alabando a Dios. Nuestros hijos necesitan oírnos dar gracias a Dios por haberlos creado como son. (¡Esto es lo que añadiría a nuestra oración de la hora de dormir si pudiera volver a hacerlo de nuevo!). Debemos mostrarles aceptación e incluso alegría por lo que son, con todo y su cabello difícil de peinar, su tendencia a cantar sin razón, su energía ilimitada y su insaciable curiosidad.

¿Nos alegra su interés en ballet cuando queremos un jugador de fútbol, su naturaleza introvertida y reflexiva cuando preferiríamos que fueran más expresivos, y su fascinación con los números cuando las matemáticas siempre nos han disgustado? Expresar verbalmente nuestro aprecio por esa clase de diferencias nos ayuda a aceptar a nuestros hijos, y a ellos a creer que tienen un diseño y un propósito únicos. Reconocer que un Dios amoroso escogió su forma de ser les infunde fortaleza interior. Esta convicción sirve como vacuna contra el matoneo escolar y las burlas cuando están aprendiendo a defenderse y apreciar lo que son.

Propósito 2: Hacer buenas obras

Cuando Dios "formó" a cada niño a su manera, le dio habilidades e intereses. Dios nos lo dice en Efesios 2:10: "Porque somos hechura suya, creados en Cristo Jesús para buenas obras, las cuales Dios dispuso de antemano a fin de que las pongamos en práctica". Cada hijo fue creado para hacer ciertas obras, buenas obras. El propósito de nuestros hijos es hacer aquellas cosas que pueden hacer bien. Cuando nuestros hijos están agradecidos por los talentos que tienen, esto mantiene a raya la infección de la perfección porque ellos se enfocan más en lo que tienen y no en lo que les falta.

Es importante notar que no fuimos creados para hacer obras "perfectas", sino "buenas". En el lenguaje original de la Biblia, esa palabra quiere decir obras de carácter recto y excelencia moral. Esto incluye actividades que influyen positivamente en otros. Los hijos necesitan conocer sus fortalezas para poder creer en la obra de Dios a su favor. No obstante, también necesitan creer que Él también puede usar sus debilidades. Si lo recuerdas, para Kathy es difícil la ortografía, y aún así ha escrito este y otros libros, escribe un blog diario y es muy educada. Cuando los hijos entienden que fueron creados por un Dios con un propósito y que toda la obra de sus manos es lo que les permite hacer buenas obras, es menos probable que eludan con excusas aquello que no necesariamente hacen bien. Si tienes hijos mayores que han rehuido participar en algún tipo de servicio, ¿qué debilidades crees que les impide hacerlo? ¿Podrías ayudarles a replantear sus debilidades como algo que Dios puede usar u organizar de alguna manera?

Propósito 3: Ser agentes promotores de Dios
Cada uno de nosotros fue creado por Dios para su gloria (Is. 43:7). ¿Qué significa glorificar a Dios? ¡Significa ser buen relacionista público para Dios! Quiere decir que representamos a Dios bien y damos una imagen positiva de Él.

Una manera de glorificar a Dios es convertirnos en la persona que Él quiso que fuéramos. Cuando ayudamos a nuestros hijos a aceptar y a convertirse en lo que Dios se propuso con ellos, y no en lo que nosotros desearíamos que fueran, nuestra crianza lo glorifica. Cuando los ayudamos a ser plenamente lo que son, Dios se agrada y se luce porque son "una creación admirable... (sus) obras son maravillosas".

Cuando nos gozamos en los intereses de nuestros hijos, Dios queda bien. Cuando nos alegramos porque son lo que son, comunicamos un mensaje al mundo que nos rodea. Cuando les ayudamos a deleitarse en sus descubrimientos, Dios se glorifica. Animar a su equipo escolar cuando pierden representa bien a Dios. Estudiar con diligencia para lograr una calificación de 60, cuando lo más probable era sacar 70 sobre 100, es glorificar a Dios. Ayudarles a dejar de quejarse por su cabello fino y frágil y de envidiar el cabello de sus amigas glorifica a Dios.

Cuando nos gozamos en los intereses de nuestros hijos, Dios queda bien.

Hacerles entender que un medicamento que modifica el comportamiento es un suplemento, y no un sustituto de sus propias decisiones, glorifica a Dios.

Es poderoso añadir a la meta de obedecer a los padres la de glorificar a Dios. Ahora bien, cuando están solos en su habitación frente al dilema de ponerse a jugar en lugar de terminar su tarea de lectura, tienen una motivación adicional para elegir el libro. Tienen una razón para comportarse bien tanto en la casa de un amigo como en la propia. Puede que elijan no acelerar aun cuando no estamos en el auto con ellos.

Hacer demasiados comentarios negativos lleva a los hijos a creer que no pueden glorificar a Dios. Los hijos que se crían pensando que nunca son lo bastante buenos porque cuestionamos cada punto equivocado en cada ejercicio o examen, no creerán que pueden glorificar a Dios. Si hablamos con el entrenador de nuestro hijo cada vez que dudamos que haya jugado el tiempo suficiente, él puede cuestionar su habilidad y su aporte, y concluir que no puede glorificar a Dios. Enfocarse en los aspectos positivos de lo que son nuestros hijos no solo es alentador, sino que les ayuda a descubrir su propósito y a esforzarse por glorificar a Dios en sus vidas.

Propósito 4: Hacer del mundo un lugar mejor

Una de las técnicas predilectas de Kathy para hablar con niños acerca de la hermosa realidad de que han sido creados con un propósito es desafiarlos a vivir lo suficiente para hacer del mundo un lugar mejor. Piensa nada más en ello: nuestros hijos mayores han visto nuestro mundo destrozado en un sinnúmero de páginas en la red, vídeos de YouTube, y emisiones de noticias crudas sin editar. Niños de todas las edades enfrentan además en carne propia las dificultades personales de una familia disfuncional, el acoso escolar, unos padres decepcionados y temores acerca del futuro. Los hijos pueden sentirse abrumados y pensar que nada pueden hacer al respecto.

Como padres podemos ayudarlos a comprender que no tienen que crecer para convertirse en agentes transformadores del mundo. Han sido creados para buenas obras que pueden practicar ahora mismo. Muchos niños pequeños han recolectado dinero para construir escuelas en Uganda o cavar pozos de agua en Kenia, buscar la cura para el cáncer y construir nuevas escaleras de entrada en la casa de sus abuelos. Cuando se muestran amigables con el nuevo miembro del grupo juvenil, te ayudan a cuidar su hermanita menor, y le escriben a papá una carta de amor para esconder en su maleta antes de que salga a un viaje de negocios, también hacen de este un mundo mejor.

Los hijos que tratan de ser perfectos para mantenernos contentos probablemente no creerán que pueden transformar su mundo. Quizá esta sea la motivación adicional que tú necesitas para aceptar a tus hijos tal como son. Si no lo haces, pueden volverse más egocéntricos y menos dispuestos a pensar en bendecir a otros.

Los niños necesitan aprender a servir desde que son pequeños. No tienen que esperar a ser grandes. Cuando Anne era pequeña, yo servía como voluntaria repartiendo comidas a domicilios de ancianos, y la llevaba conmigo en mi ruta semanal. Esta era una gran oportunidad para que ella aprendiera a sentirse cómoda entre ancianos y a sacarles una sonrisa aun siendo pequeña. A medida que nuestra familia crecía, servimos como voluntarios de la iglesia en la residencia de ancianos local. Anne y Erica dirigían los cantos mientras Evan tocaba el piano. Austin era apenas un preescolar, de modo que su trabajo consistía en repartir abrazos e himnarios. A las personas mayores les encantaba pasar tiempo con los niños. Cuando hubo tornados en Joplin, Missouri, Mark y yo llevamos a Austin y a Koyla como voluntarios en la limpieza y reconstrucción. Ellos trabajaron duro en el calor del verano. Experimentaron lo que se siente hacer del mundo un lugar mejor y servir a Dios haciendo su obra. Busca oportunidades para que tus hijos aprendan a servir a otros. Esto les da un propósito y les permite transformar el mundo en alguna medida. Jesús dio su vida por nosotros. Él dio ejemplo de lo que es servir a otros de manera sacrificada. Cuántas más oportunidades damos a nuestros hijos de experimentar los grandes propósitos de Dios, mejor comprenderán su propósito de alabar a Dios, hacer buenas obras, glorificarlo y hacer del mundo un lugar mejor.

CÓMO AYUDAR A NUESTROS HIJOS A CREER QUE TIENEN UN PROPÓSITO ÚNICO

El propósito se descubre mediante la influencia y la experiencia. Puedo constatarlo en mi propia vida. En mi primer año de secundaria, me contrató Florence, una mujer de nuestra iglesia, para acompañar a Barbie, su hija adulta discapacitada por un problema mental. Florence competía en torneos de tenis por todos los Estados Unidos, de modo que en su ausencia yo me quedaba con Barbie. Aunque al principio me quedaba con Barbie durante el día, al cabo de un tiempo Florence me pidió que la acompañara en la noche. Esa era una gran responsabilidad para una jovencita que todavía no podía conducir. Sin embargo, la actitud de Florence me hizo sentir que yo era capaz. La experiencia de cuidar a su hija me ayudó a descubrir con los años que yo podía ser un agente transformador en la vida de alguien. Aunque Florence ya falleció, todavía me pongo en contacto con Barbie cuando estoy de regreso en Avon, Indiana.

....

A ella le encanta hablarme acerca de sus actividades, sus animales y sus penas y dolores. Aun a pesar de su limitada capacidad mental, Barbie es una bendición para mí. Cuidarla en mis años de juventud me dio propósito.

Por esa misma época, mi padre me pidió en el verano sustituir a alguien como recepcionista de las oficinas administrativas del distrito escolar donde él trabajaba. Tal vez tenía unos dieciséis años y estaba a cargo de un tablero telefónico de tamaño considerable. La convicción de mi padre de que yo era capaz de realizar el trabajo me hizo sentir responsable. La experiencia me dio un propósito.

Estas oportunidades, junto con otras tareas que me fueron delegadas en mis años de crecimiento, plantaron semillas de propósito en mí como líder. Estoy agradecida por las influencias y experiencias que formaron en mí la persona que ahora soy.

¿Cómo ayudamos a nuestros hijos a creer que tienen un propósito? Además de brindarles influencia y experiencia, también necesitan esperanza para el presente y para el futuro. La esperanza presente y futura son esenciales para que los hijos crean que tienen un propósito. No deben ver su situación tan desesperanzada ni el mundo tan perdido que les resulte impensable poder contribuir al cambio. Ellos necesitan saber que sí pueden hacerlo. Deben comprender que tienen un valor presente y un potencial futuro.

Nuestro hijo Austin tiene un corazón tierno. Cuando su hermano mayor y su hermana viajaron a Jamaica en un viaje misionero para jóvenes, Austin, de nueve años, anunció que quería hacer un espectáculo de lanzamiento de cuchillos para recolectar dinero para los proyectos del equipo misionero. Cada día llevaba sus espadas de juguete al patio y practicaba su rutina con un tema musical. Al poco tiempo, propuso imprimir unas invitaciones de su espectáculo para repartir en la iglesia. Me parecía impensable que esta iniciativa fuera exitosa, y cada parte de mí quería hacer desistir a Austin de realizar su "tonto" evento. Sin embargo, me contuve al recordar que

....

debía alentar y no desalentar sueños. Debía renunciar a mi temor a que fracasara y más bien alentar su convicción de que tenía un propósito. Aunque parezca increíble, asistieron quince personas a su espectáculo y entre el precio de las entradas y las donaciones recibidas en la puerta ganó más de $100 para el proyecto. ¡Nuestros hijos pueden cambiar el mundo! A veces nada más tenemos que quitarnos de su camino.

Otra manera de ayudar a nuestros hijos a descubrir su propósito es guiarlos a personas a quienes pueden servir. Cuando nuestros hijos quitan su mirada de ellos mismos, encuentran a otros a quiénes edificar y se ven a sí mismos como agentes de cambio, creerán que pueden hacer de este mundo un lugar mejor.

Tu familia puede servir junta, como lo hicimos nosotros con el servicio de la iglesia en una residencia de ancianos. Una familia que conozco ha escogido servir junta la cena del Día de Acción de Gracias en un albergue local para desamparados. Otra familia sirve a una mujer mayor en su iglesia cada vez que su casa o su jardín necesitan mantenimiento. Si bien es cierto que se trata de ayudar a otros, también es una manera extraordinaria de unir a la familia y de lograr que los hermanos trabajen en equipo. Dado que tú los acompañas, puedes animarlos con tus comentarios. Ellos creerán que pueden ser agentes de transformación porque ya lo son. Esto puede motivarlos a aprender verdades clave, desarrollar carácter, crecer en su fe, desarrollar más habilidades y experimentar mayor gozo.

Continúa guiándolos y animándolos, resistiendo el afán de forzarlos en la dirección que tú quieres.

También podemos ayudar a nuestros hijos a encontrar un propósito dándoles dirección. Esto es particularmente cierto para dos clases de hijos: los que no conocen o cuestionan sus talentos y los que tienen muchos talentos e intereses. Nuestros hijos que no conocen sus talentos necesitan encontrar formas de usar las habilidades e intereses que tienen, aun si no son tan notorios como los de otros. Por ejemplo, los chicos de escuela primaria que no leen perfectamente pueden, de todos modos, leer lo suficiente para ofrecerse a leer libros a los de kindergarten. Guiarlos a ofrecerse para ayudar a los pequeños puede aumentar su confianza. Los preadolescentes y adolescentes que carecen de la coordinación necesaria para participar en su equipo de fútbol pueden ayudar a entrenar a los pequeños. Los niños que no son muy hábiles para el dibujo, pueden, de todos modos, dibujar tarjetas para animar a personas ancianas o soldados en combate. Crear oportunidades para ellos sin importar qué intereses o habilidades tienen, les demostrará que no son inservibles y que no tienen que ser perfectos para tener un propósito.

La segunda categoría de niños que requiere nuestra guía son los mayores que poseen múltiples talentos e intereses, y que temen tomar decisiones por miedo a equivocarse en su elección. En estos casos, por lo general, no hay una respuesta incorrecta acerca de cómo cumplir un propósito. Solo necesitan nuestra ayuda y guía para lanzarse a escoger algo. Obviamente no hay problema si los hijos se gradúan de la secundaria y todavía no tienen idea de lo que quieren hacer con su vida. ¡Eso es normal! Solo continúa guiándolos y animándolos a explorar y descubrir, resistiendo el afán de forzarlos en la dirección que tú quieres. Estas son algunas preguntas que puedes plantear:

¿Qué sientes que haces bien?

¿Qué te produce alegría?

¿Qué te satisface?

¿Qué te intriga?

¿Qué clase de problemas tratas de entender o resolver?

¿Qué sueñas hacer o llegar a ser?

¿Qué te emociona?

Hace poco, Kathy conoció a un estudiante universitario a punto de comenzar su último año. Estaba en suspensión académica por segunda vez y había perdido la ayuda financiera. Le contó a Kathy y a su padre que ninguna de sus clases le interesaba y que no estaba seguro acerca de la carrera que había escogido ni lo que quería hacer después de graduarse. Kathy le preguntó: "¿Qué inquietudes tienes? ¿Qué problemas en el mundo te gustaría solucionar?". Al cabo de un rato, él se abrió y hablaron acerca de cómo conectar esos problemas con sus clases de último año. La expresión de su rostro cambió. Ese día, él y su padre tuvieron más tarde una conversación larga y positiva acerca de su futuro. Esa conversación fue la guía exacta que al parecer necesitaba para pasar de la indiferencia al propósito.

Otra manera de ayudar a nuestros hijos a descubrir su propósito es mediante el ejercicio del "busca cinco". Puede hacerse en familia y así cada miembro encontrará cinco cosas que puede ser, hacer, tener y mejorar. Aun cuando conocemos bien a nuestros hijos, no siempre conocemos sus intereses del momento. Quizá guardan algunos en secreto, y puede que cambien de idea a menudo y conforme a las influencias que los rodean y a las personas que interactúan con ellos. Conviene que participemos porque esto revela a nuestros hijos lo que está en nuestro corazón y en nuestra mente. Ellos necesitan entender que, aun como adultos, seguimos teniendo esperanzas y sueños.

Es un ejercicio sencillo. Entrega a cada miembro de la familia una hoja de papel. Diles que la doblen dos veces para formar cuatro cuadros, y que luego la abran. En uno escribe la palabra *ser*. En los otros escribe *hacer, tener* y *ayudar*. Ahora, asignando el tiempo necesario, cada persona debe escribir cinco cosas que quieren ser, hacer, tener y ayudar en su vida. Los pequeños pueden dictar a los mayores o a sus padres sus respuestas.

Las respuestas pueden ser reveladoras. Por ejemplo, si cuesta mucho pensar a qué personas o causas pueden ayudar, esto puede revelar que, en tu hogar, no enfatizas lo suficiente el servicio. Si las

....

cinco cosas que se desea tener son la respuesta más fácil, esto puede indicar que hay una tendencia materialista o que los hijos están acostumbrados a recibir lo que piden. Puedes ver si las categorías de "ser" y "hacer" concuerdan o no. Por ejemplo, ¿escribe tu hija que quiere ser *madre* pero no *esposa*? De ser así, puede que quieras ayudarle a ver la importancia de hacer las cosas en su orden.

Otro uso provechoso para este ejercicio es crear una declaración de misión familiar. Si tus hijos tienen la edad suficiente, puedes hacerlos partícipes de la actividad. Piensa y ora respecto a las cinco cosas ideales en cada categoría. ¿Qué quieres que ellos **sean**? ¿Agradecidos, seguidores de Cristo en crecimiento, gozosos, enseñables? ¿Qué quieres que ellos **hagan** en la vida? ¿Servir, dar, crecer? ¿Qué quieres que ellos **tengan**? ¿Un matrimonio feliz o confianza si son solteros? ¿Un propósito con sentido? ¿Amistades satisfactorias? ¿Y qué de **ayudar**? Miembros de la familia, huérfanos, pobres. ¿Qué causa los impulsa? Una declaración de misión familiar puede ayudarles a mantener sus prioridades en orden para decidir cómo invertir su tiempo juntos como familia y qué conversaciones tener con regularidad. También les da ejemplo de lo que es tener una visión con propósito. Plasmar esa visión en el papel la hace tangible y prioritaria.

Es común que los hijos desconozcan su propósito, y por eso es importante que los orientemos a descubrirlo. Sinceramente, es común que los adultos también carezcamos a veces de un sentido de propósito. Si ese es tu caso, puedes hacer la misma exploración junto con tus hijos. Después de todo, nunca es demasiado tarde para tener una visión de cómo podemos transformar el mundo. Explora junto con tus hijos. ¡Nunca es demasiado tarde para ayudar a cambiar el mundo!

TECNOLOGÍA Y PROPÓSITO

Los juguetes y herramientas digitales que usan nuestros hijos los afecta de muchas maneras, incluso su creencia de tener un propósito y lo que este puede ser. Desde una perspectiva positiva, las computadoras, la Internet, las redes sociales, los teléfonos celulares, los videojuegos, la televisión, la televisión por el cable, las películas, los iPods, las cámaras digitales y las cámaras en los teléfonos han sido determinantes en abrir la mente de nuestros hijos a posibilidades infinitas. La tecnología ha hecho nuestro mundo más pequeño y tangible con sitios web, noticias las veinticuatro horas, vídeos de YouTube y otros medios que proveen información acerca de personas a quienes podemos servir y causas que podemos apoyar. Estas fuentes también informan acerca de personas, entre ellos niños, adolescentes y jóvenes que están influyendo de manera positiva en el mundo. Sin embargo, ten en cuenta que esto también puede poner sobre nuestros hijos la presión de sentirse obligados a hacer algo. Si se comparan con otros, o si oyen que los comparamos, pueden sentirse inútiles y, sin darnos cuenta, la infección de la perfección puede surgir.

Podemos compensar esto animándolos a creer que, de alguna manera, todos podemos transformar el mundo. No importa si nuestra iniciativa afecta a cientos de personas como se lograría cavando un pozo en África, o nada más la vida de nuestro vecino que necesita ayuda recogiendo escombros después de una tormenta. Ambas son igualmente importantes, y son la oportunidad para nuestros hijos de amar y cuidar a otros en el nombre de Jesús.

Por medio de la Internet, nuestro hijo menor, Austin, conoció un ministerio llamado Come&Live.[21] Como músico, Austin se interesó por su misión de compartir música sin regalías en un esfuerzo por usar las ganancias para aliviar necesidades globales como pobreza, tráfico de personas, personas sin techo, viudas y huérfanos en peligro, víctimas de la guerra y muchas otras necesidades legítimas. Cuando Austin tuvo su primer trabajo a los quince años, decidió dar una ofrenda mensual al ministerio Come&Live. Esta oportunidad

---

21. Ver come&live.com.

vino por medio de la tecnología y permitió a Austin identificar una pasión y un propósito.

Los niños y jóvenes que pasan horas frente a videojuegos y tecnología corren el riesgo de funcionar bajo una visión equivocada de su lugar en el mundo. Si tienes un hijo aficionado a los juegos o inclinado a la tecnología, es importante fijar límites saludables del tiempo que dedica a esto. Eso nos sucedía con Austin. Él habría pasado horas, días e incluso semanas en videojuegos si no hubiéramos fijado límites y reglas. Un sencillo temporizador de cocina resolvió el problema. Cuando Austin era más pequeño, solo le permitimos dos horas de juegos al día en el verano (y no horas consecutivas sino un máximo de dos sesiones de una hora, cuatro sesiones de media hora, u otra combinación de tiempo qué él quisiera). Le exigíamos programar el temporizador antes de empezar a jugar. Si lo descubríamos jugando sin el temporizador, perdía de inmediato su privilegio por el resto del día. A medida que crecía y que invitaba amigos a jugar videojuegos, cambiamos los límites a una hora de juego y dos horas de pausa. Para esto, también usaba el temporizador que le ayudaba a administrar sus límites de tiempo. Durante el año escolar, los juegos estaban restringidos a treinta minutos diarios en los días escolares, y dos días a la semana eran días sin videojuegos.

Ya se trate de la tecnología u otro asunto que obsesione a los hijos, es importante que les ayudemos a fijar límites para lograr el equilibrio en sus vidas. Prepárate para que haya retrocesos. Después de todo, tu hijo pensará que ustedes son los únicos malos padres que no dejan a sus hijos jugar videojuegos. A pesar de eso, permanece firme, porque les estás ayudando a desarrollar la capacidad de balancear su vida, lo cual será de gran utilidad en su vida adulta.

¿Qué riesgos encierra la tecnología cuando los hijos pasan demasiado tiempo en el mundo digital? Hay tres riesgos que enfrentan con el tiempo. Primero, pueden acostumbrarse a la idea equivocada de que necesitan que algo los entretenga. Como resultado, tal vez solo les interese participar en actividades entretenidas, aceleradas y estimulantes, ¡lo cual deja por fuera casi todo lo relacionado con la escuela! Pueden quejarse de estar aburridos y el aburrimiento se vuelve su respuesta natural. Pueden creer que el trabajo tiene que ser entretenido, y sabemos que esto no es cierto en el mundo laboral. También pueden quejarse por las tareas y los profesores. Los niños que creen necesitar que algo los divierta pueden no perseverar en las tareas en casa porque son aburridas, rutinarias y poco emocionantes.

Un segundo riesgo del uso excesivo de la tecnología es la búsqueda de la felicidad. Muchos juegos de vídeo enseñan que la felicidad es un derecho. La meta es ganar, alcanzar u obtener más monedas. El resultado es una sensación de felicidad que puede ser adictiva, a pesar de ser virtual o fugaz. Como adultos, sabemos que la felicidad no es siempre el resultado final de lo que tenemos que hacer. De hecho, gran parte de nuestro propósito en este mundo es servir a otros. La tecnología se trata de servirnos a nosotros mismos. Esta puede ser otra razón por la cual a un niño o joven expuesto a grandes dosis de tecnología le cuesta mucho perseverar en las relaciones o en las tareas que no puntúan en su escala de felicidad.

Aprovecha cada oportunidad para aumentar la capacidad de tu hijo para soñar e imaginar.

La tecnología también enseña a nuestros hijos que todo debe ser fácil. Escribir es más fácil gracias a las funciones de copiar y pegar, y al corrector de ortografía de la computadora. Nuestro grabador de video digital facilita la duplicación de programas de televisión para ver más tarde. Los iPods nos permiten oír música todo el tiempo. Podemos corregir y manipular las fotografías. Cuando algo deja de funcionar, podemos apagarlo y volverlo a encender. Milagrosamente, muchas cosas se arreglan solas. Por esto nuestros hijos corren el riesgo de no entender el valor del trabajo arduo. Pueden conformarse con el status quo en lugar de anhelar aprender nuevas habilidades y talentos. Su perspectiva a corto plazo y de soluciones instantáneas los ciega a las valiosas oportunidades para descubrir su propósito. La tecnología ha llegado para quedarse. Sin duda es útil y ha facilitado nuestra vida de muchas maneras. ¿Cómo pueden los padres combatir los activadores tecnológicos que no contribuyen a que nuestros hijos encuentren propósito en el mundo? He aquí cuatro estrategias que puedes considerar:

Enseña a tu hijo a afrontar el aburrimiento, no a eludirlo.
Cuando tu hijo quiera eludir el aburrimiento, su meta es equivocada. El aburrimiento es una realidad en la vida, de modo que debe aprender a manejarlo correctamente. Dado que el deseo de evitar el aburrimiento afectará sus decisiones, no conviene que pierda las oportunidades para cambiar el mundo. Ayuda a tus hijos a afrontar el aburrimiento, no a rehuirlo.

Tú y tu hijo pueden hacer una lista de unas treinta cosas que puede hacer cuando está aburrido. Enumera la lista y ubícala en un lugar visible. Cuando está aburrido, puede consultarla y recordar algo que puede hacer. Si se queja, puedes decirle: "Anda y escoge la número 5, 17 o 28".

Otra manera de afrontar el aburrimiento es contentarse con imaginar, crear y soñar despierto. Nuestros propios pensamientos pueden ser entretenidos, pero a veces deben ser nutridos. Sal con tu hijo y con una manta en un día soleado de verano y acuéstense a mirar las nubes. Cada uno describe lo que "ve" en las nubes. También pueden practicar el mismo ejercicio mientras conducen a algún lado y miran las nubes por la ventana del auto. Aunque es fácil usar la tecnología para mantener a nuestros hijos ocupados, aprovecha cada oportunidad para aumentar la capacidad de tu hijo para soñar e imaginar. Mark y yo lo hicimos hace poco con nuestra nieta de tres años durante un viaje de una hora. ¡Fue asombroso todo lo que su mente de tres años veía en las nubes!

Enseña a tu hijo que su cerebro ha sido diseñado para funcionar activamente.

No es entretenimiento lo que tu hijo necesita sino tareas e ideas que estimulen pensamientos y sentimientos. Nuestra meta no debe ser mantener a nuestros hijos entretenidos. Esa es una presión innecesaria. Funcionar activamente es más provechoso. Un ejemplo de esto es pasar a tu hijo un mapa cuando van de viaje. Dale la oportunidad de señalar con su dedo la ruta de viaje. Pídele que identifique ciudades y estados en el norte, sur, oriente y occidente del lugar donde te encuentras. En la era del GPS, los teléfonos que hablan y los mapas en línea, esta clase de actividad desarrolla la ubicación espacial y el pensamiento amplio que ayuda a los niños a enfrentar su mundo. Ayuda a los hijos a preferir la participación en lugar del entretenimiento para sus mentes.

Da ejemplo y enseña cómo el gozo y la plenitud son más importantes que la felicidad.

Explica que estar feliz siempre no es realista, mientras que permanecer gozoso, sí. La felicidad es una emoción que resulta, por lo general, de factores externos como comidas favoritas, actividades divertidas o regalos inesperados. El gozo es una emoción que proviene del contentamiento interior. La felicidad es momentánea. El gozo es eterno. Mientras la felicidad aparece y desaparece, el gozo permanece porque se basa en una perspectiva piadosa de nuestra vida. Entre más cultives el gozo en tu corazón, más aprenderán tus hijos que el gozo puede permanecer aún cuando las circunstancias de la vida son difíciles. Ayuda a tus hijos a valorar el gozo y la plenitud más que la felicidad.

....

Da ejemplo y enseña sobre los atributos del carácter como la perseverancia y la diligencia.

Está bien que tus hijos vean cómo experimentas la frustración, pero es igualmente importante que te vean perseverar en medio de ella. Esto les demuestra cómo pueden ser victoriosos. Les recuerda que pueden usar sus fortalezas para compensar sus debilidades cuando buscan una misión y un propósito en la vida.

También puedes contarles episodios de tu vida en los que te hayas esforzado y hayas estado dispuesto a trabajar duro. Cuéntales lo satisfactorio que fue. Cuando mi hijo menor era pequeño, solía decir a la hora de acostarse: "Mami, cuéntame una historia de tu vida". Esto se convirtió en una gran oportunidad para que yo le contara experiencias que me habían dejado lecciones de propósito, diligencia y perseverancia. No tienes que esperar a que tu hijo te pida que le cuentes tus historias para empezar a hacerlo. Tu vulnerabilidad puede ser el mejor maestro que ayude a tu hijo a captar la visión de cómo encontrar un propósito en este mundo. Esta clase de conversaciones también contrarrestan la falta de cercanía en las relaciones que es producto de la tecnología digital.

Da prioridad a las interacciones en persona.

Facebook le ha dado un nuevo significado al concepto de amistad. Dado que podemos estar tan conectados a otros por medio de las redes sociales, existe la tendencia a invertir menos en relaciones cara a cara en la vida real. En vista de esta tendencia, debemos procurar balancear el tiempo que pasan nuestros hijos con "amistades" virtuales y el tiempo que pasan con las personas reales. Dar prioridad a las interacciones en persona afectará el matrimonio futuro de tu hijo y su capacidad para sostener una conversación, manejar el conflicto e interesarse por los demás.

Las relaciones en persona podrían ser algo que debas replantear en tu propia vida. ¿Te ven tus hijos pasar tiempo con amigos?

. . . .

¿Observan que das prioridad a las personas y no a la tecnología? Nuestros propios hábitos influirán en los hábitos de nuestros hijos, ¡así que si queremos cambiarlos, debemos a veces empezar por nosotros mismos!

APLICA LOS ANTÍDOTOS

A medida que los hijos van comprendiendo su propósito en este mundo, experimentarán altibajos en el proceso. Pasarán por cimas de éxito y por etapas en las que se sentirán en un foso de frustración y desesperanza. Frente a toda clase de experiencias, es importante aplicar los antídotos para ayudar a nuestros hijos a mantener una perspectiva saludable y resistir en sus vidas la infección de la perfección.

Compasión

La compasión es extremadamente importante cuando nuestros hijos enfrentan frustración, decepción y preocupación en el proceso de comprender este mundo y su propósito en él. No cedas al impulso de sermonearlos y más bien escucha. Escucha sinceramente el clamor de sus corazones. ¿Qué los lastima? ¿Están preocupados o luchando con algo? Responde con afirmaciones que manifiesten empatía como: "Siento que estés luchando con eso" o "Estoy seguro de que eso fue muy decepcionante para ti". Escuchar es uno de los mejores regalos que puedes ofrecer a tu hijo.

Atención

Permanecer atento es indispensable a lo largo de la crianza, pero es especialmente importante durante los años de adolescencia cuando los hijos pueden fácilmente interiorizar sus emociones. A medida que las hormonas invaden su cuerpo y ellos navegan en busca de su lugar en el mundo, algunos hijos son propensos a sentimientos de desesperanza y depresión. Es entonces que los desórdenes alimenticios pueden surgir, al igual que la exposición a las drogas y el alcohol. Rara vez un hijo dirá "Mamá, papá, necesito ayuda". Solo unos padres atentos detectan los síntomas de problemas o hábitos mentales, emocionales y físicos. Si percibes que algo sucede en el interior de tu adolescente, no dudes en convertirte en su aliado y en buscar la ayuda necesaria. Tal vez no lo aprecien en ese momento, pero te lo agradecerán más adelante.

Aceptación

La aceptación es muy importante cuando nuestros hijos están descifrando su propósito en este mundo. Cuando damos ejemplo de aceptación, sentamos las bases para que logren aceptarse a sí mismos. Acepta sus intereses. Acepta sus fortalezas. Acepta sus debilidades. Acepta sus fracasos. Acepta aquello que los diferencia de ti. Acepta sus frustraciones. Al ver ellos que te aceptas a ti mismo y los aceptas tal como son, se sentirán cada vez más a gusto con la realidad de lo que son y de cómo Dios los ha creado.

Amor

El amor lo cubre todo. La Biblia nos dice: "Sobre todo, ámense los unos a los otros profundamente, porque el amor cubre multitud de pecados" (1 P. 4:8). Amar profundamente significa resistir el impulso de corregirlo todo. Significa escoger gracia en lugar de crítica. Significa permitirles cometer errores y sufrir las consecuencias naturales sin añadir a esto nuestra ira. Amar profundamente nos exige tener en nosotros más de Dios que de nosotros mismos. El amor exige autocontrol en niveles muy elevados. Aprender a amar a tu hijo imperfecto puede ser precisamente lo que Dios use para producir en ti mayor madurez.

¿CUÁL ES MI PROPÓSITO?

Cuando acuestas a tus hijos, ora para que conozcan su sentido de propósito en este mundo. Afirma su propósito único en tu familia.

Dales oportunidades para contribuir al cambio en el mundo. En ese proceso, afina también tus propios propósitos que son únicos. Mientras mejor te conoces a ti mismo, mejor conocerás a tus hijos.

CAPÍTULO 9

⌒⌒

¿ME *ayudas* A CAMBIAR?

Aun para los adultos maduros, el cambio no es fácil; así que no debe sorprendernos que a nuestros hijos les resulte difícil cambiar. Kathy y yo usamos nuestras páginas de Facebook para preguntar a las madres por qué pensaban que era difícil para sus hijos cambiar. Sus respuestas fueron un excelente recordatorio de que no somos las únicas que enfrentamos dificultades al intentar lograr que nuestros hijos crezcan y maduren. He aquí algunos ejemplos de las respuestas que recibimos a la pregunta "¿Por qué es difícil para tus hijos cambiar?":

* Inconstancia de mi parte.
* Tienen dificultad para aceptar "comentarios" sin verlos como "críticas".
* Apatía.
* Asientan con la cabeza cuando les hablo, pero siguen haciendo lo que les parece.
* Necesito arreglar mis propios problemas primero.
* El crecimiento exige disciplina, paciencia y compasión.

· · · · · · · ·

❧ No hay un progreso inmediato, o se avanza dos pasos y se retrocede uno.

❧ Me falta perseverancia.

❧ Parece que olvido que mi hijo tiene solo cinco años y espero que sea más capaz de entender algunas cosas.

❧ Ellos no creen en sí mismos. Piensan automáticamente que no pueden mejorar.

❧ ¡A veces me enojo cuando les repito algo una y otra vez y parecen no entender!

Criar bien a los hijos no es tarea fácil. La mayoría de los hijos no se proponen ser malos, al menos no todo el tiempo. Son niños. A veces pueden ser inmaduros. Se portarán de manera infantil gran parte del tiempo. Cometerán errores porque están aprendiendo y creciendo. No harán bien desde el principio lo que intentan aprender por primera vez.

¿Recuerdas la actitud de "ven a mamá" de la que hablamos, aquella que se enfoca en el progreso y no en la perfección? Es determinante que recordemos esta mentalidad a la hora de manejar y motivar el cambio en nuestros hijos.

ACEPTA, ENTIENDE Y EXALTA LO BUENO

Hemos hablado acerca de la aceptación como uno de los antídotos contra la infección de la perfección. Sabemos que es importante en nuestra crianza, pero también debemos comprender que juega un papel esencial en nuestra capacidad para influir sobre nuestros hijos. Ellos estarán más dispuestos a resistir nuestros consejos si creen que no los aceptamos. John Gottman, experto en relaciones, escribe: "La naturaleza humana dicta que es prácticamente imposible aceptar consejo de alguien a menos que esa persona comprenda al otro… es un hecho que las personas solo pueden cambiar cuando sienten que se les quiere y se les acepta como son. Cuando las personas se sienten criticadas, rechazadas y despreciadas, son incapaces de cambiar".[22]

Hay una línea delgada entre rechazar a nuestros hijos o aceptarlos al tiempo que esperamos que cambien, ¿no es así? Con todo, esa es precisamente la cuerda floja sobre la cual debemos movernos los padres. Recuerda, aceptar no siempre significa estar de acuerdo. Aceptar significa sencillamente reconocer y admitir la realidad de las circunstancias de tu hijo. Es convertirse en una persona con quien se puede ser sincero sin correr peligro, alguien que escucha, manifiesta compasión y empatía, y que guía con amor.

¿Cómo puede un hijo concluir que sus padres no lo aceptan? Tal vez su madre rechace sus fortalezas porque habla acerca de otras que ella desearía ver en él. Si un padre insiste continuamente que su hija cambie algo que ella ha sido incapaz de cambiar, puede sentir que ella es el problema en lugar de sentirse como alguien que tiene un problema. Si una mamá se vuelve negativa, pesimista y crítica porque sus comentarios parecen no tener efecto alguno, su hijo puede sentirse rechazado y oponerse a ella. Puesto que el hijo se siente rechazado, él no disfrutará estar con ella y tampoco estará dispuesto a escucharla.

A veces nuestros hijos experimentarán nuestros sentimientos negativos cuando observamos en ellos nuestros propios defectos. Si lo que somos nos desagrada, podemos transmitir ese mismo desagrado. ¿Percibirán en nosotros un sentido de desesperanza? ¿Frustración personal? Cuando nos vemos reflejados en nuestros hijos, ¿es justo esperar que ellos cambien y nosotros no? Si pensamos así, más vale que tengamos una buena explicación de nuestra decisión en el momento en que nuestros hijos nos confronten. O ¿nos esforzaremos por cambiar el mismo problema al tiempo que nuestros hijos? Si no lo hacemos, naturalmente les resultará más

---

22. John Gottman, *Siete reglas de oro para vivir en pareja* (Barcelona: Plaza & Janés, 2000).

difícil cambiar. Tendremos que asumir parte de la responsabilidad por eso.

Yo he tenido que procurar esa clase de cambio con mi hijo menor. Soy por naturaleza introvertida y me reservo lo que siento.

Cuando nos vemos reflejados en nuestros hijos, ¿es justo esperar que ellos cambien y nosotros no?

En el pasado no he sido propensa a identificar y prestar atención a mis sentimientos. A veces me encuentro irritable porque las emociones están atascadas en mi interior. Esto ha impedido que me muestre vulnerable en mi matrimonio y frente a mis hijo ya grandes. Mi hijo menor es igual. Sus emociones se atascan en su interior. Tanto él como yo hemos usado una lista de sentimientos (ver Apéndice A) para describir cómo nos sentimos. Dios continúa perfeccionándonos a los dos en el área de comunicar nuestros sentimientos, ¡y ha sido más efectivo hacerlo juntos!

Algunas cosas que nos molestan de nosotros mismos probablemente las recibimos de nuestros padres. No debería sorprendernos que nuestros hijos adquieran de nosotros tanto cualidades como defectos. Es natural y automático. Si luchamos con negativismo o ira, puede ser un síntoma de que necesitamos enfrentar nuestro propio "bagaje". Si reconocemos que estamos descargando nuestro enojo con nosotros mismos contra nuestros hijos, debemos disculparnos. El paso maduro que le sigue es buscar ayuda.

Nuestras creencias acerca del cambio también son determinantes. Tenemos que ver el cambio como algo posible e incluso probable. Es útil comprender que mejorar es posible cuando nosotros y nuestros hijos sabemos cuál es la actitud, la creencia o el comportamiento perjudicial que deseamos quitar y con qué lo debemos reemplazar. Efesios 4:22-24 nos enseña a despojarnos de nuestros vieja forma de ser que "está corrompida por los deseos engañosos" y vestirnos de una mejor "creada a imagen de Dios, en verdadera justicia y santidad". El versículo 23 menciona la realidad esencial de que la mente necesita renovarse a fin de que el cambio permanezca. Estudiar conceptos relevantes en la Biblia es la mejor forma de lograrlo.[23]

De igual manera, necesitamos hablar más acerca del comportamiento positivo que deseamos que tengan nuestros hijos, y no solo del comportamiento negativo que nuestro hijo tiene en el presente. Esto ayuda a mantener la comunicación en un tono más positivo que negativo. Joey y Carla Link, autores de *Why Can't I Get My Kids to Behave?*, explicó en una publicación en su blog sobre crianza positiva lo que significa "exaltar lo bueno".

> Señala a tus hijos la dirección que tú *quieres* que tomen. En lugar de decir "deja de golpear a tu hermano", intenta "dime una manera como puedes ser amable con tu hermano". Después de obtener la respuesta, pregunta "¿estás dispuesto a hacer eso ahora?". Señalarles lo bueno te permite desarrollar el hábito de decir lo contrario de lo negativo.
>
> En lugar de gritar "deja de correr por la casa", intenta "por favor camina en la casa; puedes correr afuera".
>
> En lugar de preguntar "¿por qué no puedes hacer lo que te pido?" intenta "te pedí aspirar el cuarto de juegos. ¿Cuándo vas a terminarlo?".
>
> En lugar de comentar "otra vez vamos tarde. ¿Por qué no puedes terminar tus tareas a tiempo?" intenta "haz una lista de todas las cosas que necesitas hacer para estar listo y salir de la casa en la mañana".[24]

Joey y Carla animan a los padres a escribir las cosas negativas que recuerdan haber dicho a cada uno de sus hijos en la semana

---

23. Para una explicación detallada de cómo usar las Escrituras para renovar la mente, ver el libro de la doctora Kathy *Finding Authentic Hope and Wholeness* (Chicago: Moody Publishers, 2005), cap. 5.

24. Joey y Carla Link, entrada de un visitante de blog, "Positive Parenting", 27 de junio de 2013, www.jillsavage.org.

· · · · · · · ·

anterior. Luego reescriben cada declaración en términos positivos.[25] A fin de cuentas, todos estamos "siendo perfeccionados" y tenemos mucho qué aprender acerca de exaltar lo bueno en nuestros hijos.

EL PAPEL DE LA COMUNICACIÓN EN EL CAMBIO

Las personas y las familias sanas se comunican de manera positiva, sincera, íntegra y tranquila. Demostramos respeto cuando ambos hablamos y escuchamos. Esto ayuda a establecer como norma del hogar animar a otros. Esta clase de comunicación también es esencial para transmitir verdades y valores que ayudan a nuestros hijos a entender por qué les pedimos cambiar ciertas actitudes o comportamientos.

Si tus hijos tienen edad suficiente, comparte los siguientes conceptos con ellos para estimular la conversación. ¿Cuál o cuáles quisieran ellos que tú trabajaras primero?¿Cuál o cuáles quisieran ellos trabajar primero? Los adolescentes le cuentan a Kathy a menudo que sienten que sus padres tienen el manual de reglas para el juego de la vida, pero esperan que ellos lo jueguen bien sin leerlo. Hablar acerca de estos temas puede ayudarles a entender el "manual de reglas" para el juego de la vida.

Elige ser positivo y optimista

La creencias conducen a comportamientos. Podemos elegir creer que alguien puede cambiar, quiere cambiar, y va a cambiar. Podemos creer que seremos amorosos, que vamos a aceptar y a ser exitosos. Nuestras actitudes son siempre una elección. Si eliges mantener creencias positivas y optimistas, aun si la última conversación acerca del cambio ha sido difícil, esto ayuda a moderar el lenguaje, la expresión facial y la interacción con tu hijo. Seremos más agrada-

---

25. Joey y Carla Link, *Why Can't I Get My Kids to Behave?* (Bloomington, IN: WestBow Press, 2013).

bles y amables. Será más fácil que nos escuchen y será más probable que el cambio suceda.

Escucha para aprender

Tal vez hemos caído en la costumbre de escuchar solo para juzgar o para esperar nuestro turno para empezar a hablar. Escucha por más tiempo, prestando mucha atención. A los hijos les molesta que los interroguen, así que debemos ser cuidadosos de no bombardearlos con preguntas aun cuando nos preocupan sus decisiones y conducta. Puede que sintamos curiosidad, pero si no tenemos cuidado en cómo preguntamos y escuchamos, puede parecer que desconfiamos y juzgamos. Los hijos pueden interpretar nuestras muchas preguntas como una señal de que estamos ansiosos. Esa es una de las razones por las cuales se crean tendencias perfeccionistas en los hijos. intenta decirles: "Cuéntame más", "Sigue hablando" o "¿Y qué más?". Estas preguntas parecen más respetuosas y logran obtener información más relevante.

Corrige sus mentiras

Una de las razones por las cuales necesitamos escucharnos mutuamente y con atención es poder escuchar y corregir sus mentiras. Si oímos que nuestros hijos mienten acerca de sí mismos, debemos corregirlos. Si no lo hacemos y ellos saben que los hemos escuchado, creerán que estamos de acuerdo con esas afirmaciones. Aceptarán estas etiquetas e identidades como verdaderas, y eso minará su confianza para poder cambiar.

Por ejemplo, si tu hijo tropieza y lo oyes murmurar: "¡Soy tan tonto!", debes corregirlo. ¡Él no es tonto por haber tropezado! Tal vez ha sido torpe en ese momento, o se distrajo o iba de afán. O tal vez la esquina del tapete estaba doblada y cualquiera hubiera tropezado. No desearás que tu hijo piense que es tonto. Eso sencillamente no es verdad. (Sigue el mismo consejo cuando digas una mentira acerca de ti mismo o cuando escuchas a un hijo pronunciar alguna mentira acerca de su hermano).

Los hijos también pueden mentirse a sí mismos en el sentido opuesto. Mientras conversa por teléfono con una amiga, puede que oigas a tu hija decir: "Lo sé. Yo tampoco me equivoco". Esta presunción exagerada es un sistema de creencias peligroso porque le impide recibir instrucción o puede sentir pánico cuando, en efecto, comete un error debido a su expectativa que esto nunca sucederá.

Hay otros dos tipos de mentiras a las cuales debemos estar atentos. La primera es examinar si tu hijo cree que una situación temporal es permanente. De ser así, no estarán motivados para intentar mejorar y definitivamente se resentirán cuando se lo pidas. Por ejemplo, solo porque tienen problemas con una tarea de matemáticas no significa que tengan problemas con las matemáticas en general. Esa clase de razonamiento de todo o nada es falso. Asegúrate de dar ejemplo de esto en tu propia vida. ¿Es tu impaciencia permanente o pasajera? ¿Cómo te oye hablar al respecto? ¿Es su comportamiento de fastidiar a su hermano permanente o pasajero? Cuando una situación es permanente, habla acerca de la decisión madura de cambiar actitudes frente a aquello que no puede cambiarse.

> *Nuestro poder no radica en la cantidad de palabras que usamos; los largos sermones suelen ser ineficaces.*

Un segundo tipo de mentira que precisa corrección tiene que ver con el origen de las fortalezas y debilidades. Si los oímos proclamar que todo el mundo tiene debilidades excepto ellos, desearemos refutar esto con la verdad. Si culpan a sus hermanos cada vez que se meten en problemas, no aceptarán lo que nos preocupa de su comportamiento. No es cierto que los problemas de tus hijos sean culpa de los demás, y tampoco es cierto que sus triunfos pertenezcan a otros. No permitas que tus hijos desechen el mérito de sus logros. No queremos que los hijos desarrollen orgullo, pero necesitan saber cuáles de sus esfuerzos incentivan sus fortalezas. De lo contrario, podrían dudar que pueden repetir esas acciones e ignorar una buena cualidad que podrían usar para corregir una debilidad. Por ejemplo, un examen de matemáticas no fue fácil porque el maestro estuviera de buen humor; fue fácil porque tu hija prestó atención en clase, hizo preguntas cuando no entendía y asumió con seriedad sus deberes. Estos son comportamientos repetibles que pueden acarrear más éxitos cuando vuelven a practicarse.

Habla poco

Esta es una lección que he aprendido a las malas y con demasiada frecuencia. Asume la comunicación como una conversación y no como un sermón. Como padres, nuestro poder no radica en la cantidad de palabras que usamos. Debido a períodos de atención más cortos y al ritmo acelerado al que están acostumbrados los niños de hoy, los largos sermones suelen ser ineficaces. Este es otro momento Ricitos de oro: ni demasiado ni muy poco, sino la justa medida de palabras. Este es un pequeño consejo: si empiezas a exasperarte, tal vez sea el momento de parar de hablar y retomar la conversación otro día. Di simplemente: "Creo que ya he hablado suficiente acerca de esto hoy. Dejemos ahí y pensemos en el tema para continuar la conversación mañana en la noche".

Enseña más, habla menos

Hay una gran diferencia entre enseñar a nuestros hijos qué hacer y decirles qué hacer. Enseñarles puede infundir esperanza. Decirles qué hacer puede robarla. Muchos hijos le cuentan a Kathy que ya saben lo que sus padres quieren que ellos hagan, pero no saben *cómo* hacerlo. Esto te puede sorprender. A veces nuestros hijos saben qué hacer y prefieren no hacerlo, pero muchas veces realmente no saben cómo empezar a hacer lo que se espera. Observa. Mira. Escucha. Pregunta. Capta.

· · · · · · · ·

Cuando mis hijos tenían edad suficiente para limpiar un baño, les enseñé cómo llevar a cabo cada parte de la limpieza usando palabras y una demostración, y luego dejé que lo hicieran solos. Por lo general les daba dos sesiones de instrucción antes de dejar que lo hicieran solos. Esto les daba la capacidad de llevar a cabo bien la tarea y también sentaba el precedente de la necesidad de rendir cuentas.

Enseñar requiere más palabras que simplemente hablar, pero aun así podemos usarlas con discreción y sabiduría, y manejar bien el tiempo. Básicamente nuestros hijos necesitan saber qué queremos y qué no queremos. El contraste entre lo correcto y lo incorrecto puede ayudarles a discernir cuándo están equivocados y qué cambios deben hacer. Es útil hablar más acerca de lo que queremos que acerca del error que hemos observado. Nuestras explicaciones serán más completas si respondemos a las preguntas: ¿qué?, ¿qué no?, ¿cuándo?, ¿dónde?, ¿por qué? y ¿cómo?

Por ejemplo, ¿saben ellos cómo poner bien la mesa o solo saben que quieres que lo hagan? ¿Será posible que tus continuas quejas acerca de la forma como clasifican su ropa sucia significa que realmente no han entendido tus instrucciones? ¿Hablaste o enseñaste? ¿Les hiciste alguna demostración? ¿Tenían ambos una actitud positiva para poder entender lo que estabas enseñando?

El castigo no siempre cambia el comportamiento de los hijos. Enseñar, dar ejemplo, y acompañarlos en las tareas puede producir un verdadero cambio. Gritar definitivamente no funciona, pero la mayoría hemos intentado hacerlo. Michelle Duggar, del programa de televisión *19 Kids and Counting*, contó en una conferencia de Hearts at Home cómo aprendió a dejar los gritos y los cambió por susurros. Puede ser muy eficaz hacer contacto visual y decir algo así como: "Te amo demasiado para pelear contigo. Eres demasiado importante para mí y tu corazón es un tesoro. Hagamos una pausa. Dime cuando estés listo para ser respetuoso. Entonces hablare-

....

mos más acerca de las actitudes que queremos que tengas hacia tu hermana".

La recompensas no siempre logran cambios permanentes. Funcionan mejor cuando están conectadas con el comportamiento que intentas consolidar. Por ejemplo, si tus hijos no cooperan, compra un juego para que jueguen juntos cuando su comportamiento mejore. Si a tu hija les gusta garabatear pero desperdicia su tiempo, dale nuevos lápices de colores como premio por usarlo mejor. Si bien premiar a los hijos a veces será necesario para que los hijos implementen el nuevo comportamiento, es más conveniente sorprenderlos en lugar de "comprarlos". De esta manera, saben que sus decisiones correctas y sus progresos los hacen merecedores de la sorpresa. Saben que son capaces. Cuando los "compramos", pueden llegar a pensar que en realidad son incapaces y que solo mejoraron porque querían la recompensa que ofrecimos. Pero aun si las consecuencias negativas y positivas funcionan, cuando no se instruye acerca de cómo comportarse, se corre el riesgo de que los nuevos comportamientos no perduren.

Corrige sin criticar

Cuando nuestros hijos se equivocan, debemos corregirlos y no criticarlos. Nuestras correcciones pueden ser determinantes para reorientar sus actitudes, sus decisiones y sus comportamientos. Criticar no ayudará. Es humillante y puede sugerir que son un fracaso o que esperamos de ellos perfección.

La crítica solo señala el error. La corrección lo rectifica. Las críticas son juicios negativos que no enseñan cómo cambiar. Las correcciones incluyen instrucción. Declaraciones como: "¿A eso lo llamas un trabajo terminado?", "¡No puedo creer que hayas puesto eso ahí!" y "Esa actitud es inaceptable" denotan crítica. Tal vez les hemos dicho qué está mal, pero no les hemos enseñado cómo cambiar.

En el capítulo 6 hablamos de una afirmación de tres elementos que podemos usar cuando elogiamos a nuestros hijos. Como explicamos, ser específico ayuda a incentivar una cultura de ánimo. Con ligeras adaptaciones podemos usar la misma "fórmula" para corregir, pero añade un cuarto elemento. No uses en exceso esta corrección en cuatro partes, sino solo cuando necesites animar más a los hijos a creer que no son un fracaso solo porque se equivocan.

1. "Estás siendo _____". (Expresa una falla específica que has observado. El uso de la palabra "siendo" sugiere el carácter pasajero de la falta y que no es parte del carácter permanente de tu hijo).

2. "Lo sé porque _____". (Presenta la evidencia del comportamiento problemático por lo que viste y/o escuchaste. Esto facilitará que te crean).

3. "No estoy contento porque _____". (La razón por la cual te desagrada el comportamiento de tus hijos puede motivarlos a cambiar).

4. "Por consiguiente _____". (Aquí es donde ofreces instrucción. Si no incluyes esta parte de la ecuación, estás criticando pero no corrigiendo. No digas: "¡Por consiguiente vas a cambiar!" sino más bien sugerir algo como: "Podrías ensayar hacer esto la próxima vez _____". O preguntar: "¿Qué crees que podría ayudarte a hacerlo mejor la próxima vez que surja algo similar?").

He aquí un ejemplo: "Estás siendo descuidado. Lo sé porque descubrí siete errores sencillos que normalmente no cometerías. No estoy contento porque hemos hablado antes acerca de esforzarte. Los errores que se comenten cuando no entiendes son una cosa, pero los que cometes por apresurarte o desestimar una tarea son otra. Mañana deberás empezar tu tarea más temprano para que tengas el tiempo suficiente para hacerlo bien. Claro que eso significa menos tiempo de juego". Este es otro ejemplo: "Te has quejado mucho últimamente. Nos mostraste tu desagrado cuando no querías cenar espagueti y luego te quejaste porque no te dejábamos ir donde Brian. Y no solo te quejaste una sino varias veces, como si no te oyéramos. No nos agrada tu actitud porque estamos educándote para ser agradecido. Y tú ya conoces nuestra regla sobre las noches fuera de casa: te quedas en casa a menos que haya una actividad de la iglesia o de la escuela. Al preguntar si podías ir donde Brian, pareces mostrarte indiferente hacia nosotros y nuestras reglas familiares. Sentimos tus decisiones. Por favor dinos si hay algo más que esté motivando estas quejas, porque deseamos ayudarte. Entre tanto, durante las siguientes veinticuatro horas pensemos en motivos para estar agradecidos, y volvamos a hablar mañana en la noche acerca de por qué este es un valor tan importante para nuestra familia".

La mayoría de nosotros puede mejorar su comunicación: en nuestro matrimonio, con nuestros hijos, y en otras relaciones personales y laborales. Esta es un área en la que Dios hace su obra de perfeccionamiento a lo largo de nuestra vida. Cuando aprendemos mejores habilidades interactivas junto con nuestros hijos, esto les ayuda a saber que también tienen una vida por delante para aprender.

EL CARÁCTER CUENTA

En ¡*Las mamás no tienen que ser perfectas!* uno de los conceptos clave que compartí es la importancia de ajustar las expectativas para que se conformen más a la realidad. Este concepto es importante para desarraigar la infección de la perfección en la crianza. Debemos ayudar a nuestros hijos a fijarse metas apropiadas. Esto provee un blanco al cual pueden apuntar y algo a qué aspirar. Cuando identificamos algo que queremos que cambien, hay dos clases de expectativas que debemos evitar y una a la cual debemos aspirar. Examinemos las tres.

Las expectativas de habilidades no funcionan

Las expectativas de habilidad exigen a los hijos alcanzar cierto resultado en virtud de su habilidad natural. Algunos ejemplos de expectativas de habilidad son: "Esperamos que toques perfectamente tu obra del recital porque eres dotado" y "Yo sé que puedes obtener un puntaje perfecto; eres muy listo". Aparentemente estas expectativas suenan como una motivación para los hijos, pero fácilmente pueden resultar contraproducentes. Los hijos no tienen control alguno sobre sus habilidades. Sí tienen control sobre la manera como las usan, y ese es un asunto de carácter. Tampoco tienen control sobre otras personas que pueden afectar el resultado. Las expectativas de habilidad en realidad pueden ser muy peligrosas. Cuando las usamos, enseñamos a nuestros hijos a atribuir su éxito a su habilidad. Pero también les enseñamos a atribuir sus fracasos a su falta de ella. Pueden creer que fallaron porque son incapaces. No pensarán que pueden controlar eso y, por consiguiente, no intentarán cambiar.

Las expectativas de resultado no funcionan

Con estas expectativas fijamos un resultado que esperamos que nuestro hijo alcance. Algunos ejemplos de expectativas de resultado son: "Yo sé que vas a lograr entrar al equipo de debate" y "Has entrenado bien; esperamos que ganes el torneo". Sin embargo, los hijos no pueden controlar todas las circunstancias para que nuestras expectativas se cumplan. Eso puede ser frustrante y aterrador para ellos. Los hijos pueden hacer su mejor esfuerzo y aún así no entrar al equipo de debate ni ganar el torneo. Pueden hacer su mejor esfuerzo y aun así no cumplir con nuestras expectativas. Puede que otro participante presente un mejor debate en las pruebas. Puede que un gran jugador en su equipo se enferme y eso precipite al equipo a perder. Estas expectativas sugieren que solo valoramos los resultados.

Las metas de carácter sí funcionan

Cuando fijas metas que exigen el uso del carácter, tu hijo se fortalece; aprende que puede determinar su éxito según las decisiones que toma. Lograr o no lo que se ha propuesto depende de él mismo. El desempeño de otros no determina su éxito. Algunos ejemplos de metas de carácter pueden ser: "Enfócate en la precisión para aumentar cinco puntos tu promedio de matemáticas en las próximas tres semanas" o "Queremos verte trabajar independientemente y por más tiempo en tu escritura antes de que pidas ayuda. Empieza con un mínimo de tres párrafos en tu historia antes de preguntarnos cómo nos parece o de pedirnos ayuda con las palabras que has escogido. Nos parece que esto te ayudará a ganar confianza".

Tus hijos aprenderán a adoptar y a fijarse metas específicas centradas en el carácter porque tienen las herramientas internas para lograrlas. Cuando las definimos, hay menos confusión. Estas metas también nos permiten llamar la atención sobre el proceso de aprendizaje y no solo el resultado logrado. Esta es otra razón por la cual las metas de carácter son más eficaces que las expectativas de resultados o habilidades.

Cuando nuestros hijos son pequeños, podemos comunicarles las cualidades de carácter que les ayudarán a triunfar. Cuando son mayores y han tenido suficiente experiencia, descubrirán algunas por su cuenta. Enseñarles a fijar metas de carácter los capacitará para hacerlo más adelante. Puede que necesiten ser diligentes, pacientes, atentos, positivos, cuidadosos, optimistas, persistentes y excelentes. Hay muchas cualidades del carácter que desearás tratar, y puedes consultar una lista de ellas en el apéndice D que te ayude a fijar metas de carácter. Si decides incluir metas de carácter como parte de tu declaración de misión familiar, tal vez quieras empezar a hablar pronto de ellas.

Cuando los hijos logran sus metas de carácter, será más probable que se cumplan nuestras expectativas de resultado. Es sencillamente una manera más saludable de lograr los triunfos que deseamos que ellos valoren. Si no logran estas metas, tampoco el fracaso los vencerá. Antes bien, sabrán que tienen el poder de tomar diferentes decisiones la próxima vez.

Hace poco notamos la importancia de esto con Koyla, que está ingresando al mundo laboral. La integridad es una importante meta de carácter en la que hemos trabajado con él. Ahora que está solicitando trabajo, presentando entrevistas, y que se investigan sus antecedentes, realmente ha empezado a comprender el valor de la integridad. Hubo varias recaídas en su integridad en los últimos años, las cuales pudieron haberlo señalado en sus antecedentes penales. Sin embargo, sus errores nunca llegaron al sistema penal. La cualidad de la integridad en el carácter ha cobrado vida para él, y se ha dado cuenta de que él es el único que puede lograr esa meta.

En nuestra cultura tecnológica, las metas de carácter son aun más relevantes. Constituyen una manera eficaz de enseñar algunas cualidades de carácter que nuestros hijos necesitan en sus vidas:

> ✦ Diligencia. Dado que la tecnología facilita las tareas (por ejemplo se puede copiar y pegar textos, corregir la ortografía y utilizar herramientas de búsqueda) y que nuestros hijos también hacen varias tareas simultáneas con el uso de la tecnología, la diligencia es una cualidad que tal vez no valoren tanto como quisieras. Habla con ellos acerca de no sentirse tontos cuando son diligentes en una tarea larga y tediosa. Explícales que trabajan con diligencia porque les importa y se valoran a sí mismos. (Lo mismo es cierto para nosotros. ¿Será posible que hayamos desistido en ayudar a nuestros

hijos a mejorar porque también hemos creído la mentira tecnológica de que todo debería ser fácil?).

❧ Arduo trabajo. La tecnología ha hecho que sea fácil corregir errores. Los niños y jóvenes pueden rápidamente deshacer errores al escribir, cancelar publicaciones en línea que prefieren no compartir en las redes sociales incluso después de escribirlos, retocar fotografías o simplemente reiniciar cuando algo deja de funcionar. Por esto les puede parecer difícil dedicar tiempo a hacer mejoras. Habla con ellos acerca de que en la realidad no pueden retocar sus vidas, que algunos comportamientos negativos que han aprendido exigirán tiempo y esfuerzo para cambiarlos, y que algunos errores traen consecuencias que perduran. Tenemos que asegurarnos de ser ejemplo de estas convicciones.

❧ Perseverancia. Es fácil ganar en juegos de vídeo y aplicaciones. En realidad nunca perdemos. Podemos obtener un mal puntaje y aún así, por lo general, no pensamos en términos de pérdida. Ganar es cuestión de tiempo. En estos días es común abandonar un juego en la mitad porque no queremos un puntaje muy bajo y vemos la seña de advertencia. Los hijos pueden sentirse incómodos si piensan que no van bien. Pueden incluso abandonar un curso en lugar de exponerse a los sentimientos desagradables. Desafiarlos a ser perseverantes puede ayudar a revertir esta mentira de la tecnología.

❧ Autoevaluación. En los juegos de vídeo y las competencias de programas de televisión, nuestros hijos esperan que alguien los evalúe. Como resultado, pueden carecer de la habilidad de autoevaluarse. Les puede resultar difícil identificar cuándo deben cambiar y cómo cambiar lo que se proponen. Puede ser útil mejorar su capacidad de examinarse a sí mismo.

. . . .

ESTRATEGIAS PARA FACILITAR EL CAMBIO

Ayudar a nuestros hijos a cambiar es una de las tareas más importantes de la crianza. Es una labor delicada en la que garantizamos amor y seguridad al tiempo que les comunicamos nuestro deseo de que mejoren. Amarlos tal como son no significa que nos conformemos con menos de lo que son capaces. Pero también significa que no esperamos de ellos lo que no pueden ser.

Además de una buena comunicación y de ayudar a nuestros hijos a fijarse metas realistas, relevantes y específicas, hay otras estrategias que pueden facilitar a los hijos la tarea de cambiar en formas que consideramos sabias.

Contempla una solución para ellos y para ti

Es ideal, salvo por razones de seguridad, no señalar un error que observas en tus hijos hasta que seas capaz de ayudarles a cambiar. De lo contrario, te limitarás a criticar y nada más. Con demasiada frecuencia esto es lo que decimos: "No hagas eso". Al cabo de unos minutos: "Dije que no hagas eso". Y más adelante: "¡Basta! ¡Ya te dije que no hagas eso!".

Escucha y observa por más tiempo. Pregúntate: ¿quién está involucrado en la situación?, ¿cuál es la hora del día?, ¿qué fechas límite tiene pendientes mi hijo?, ¿qué clase de día tuvo?, ¿qué clase de día tuve yo?, ¿es algo que se puede cambiar o es algo que me molesta pero no a mi hija? Para que ella cambie, ¿tendrá su hermano que hacer ajustes?, ¿cuándo hablaré con él?, ¿cuál es una posible solución para cambiar su actitud y comportamiento?, ¿qué necesito yo para cambiar mi actitud?, ¿quizá tiempo, calma, atención, comprensión, una cualidad del carácter, instrucción o una nueva estrategia? Cuando nuestros hijos saben que vamos a examinarnos a nosotros mismos y no solo a ellos, *y que buscaremos soluciones y no solo problemas, estarán más dispuestos y abiertos.*

Espera que tus hijos pidan ayuda específica

Cuando los hijos protestan y piden ayuda respecto a algo, o dicen que no entendemos, enséñales a pedir ayuda específica. Por ejemplo, si tu hijo se queja porque tiene que escribir una tarea, podríamos pensar que necesita ayuda con el contenido o la organización de su texto. Pero la única ayuda que necesita es con la ortografía. Evita el drama y enséñales a pedir ayuda específica. Ayúdalos solo esporádicamente hasta que lo hagan.

Reacciona bien cuando protestan porque no pueden

¿Tienes hijos que se quejan porque no pueden hacer algo? ¿Protestan y manipulan con lloriqueos cuando hacen sus tareas, practican su instrumento musical o ayudan en las labores cotidianas? Tal vez incluso añadan una frase como "soy un fracaso", "un desastre" o "un ridículo". Hay dos respuestas particularmente útiles.

Si has identificado la dificultad y es algo que necesitas tratar, es respetuoso intervenir sin hacer escándalo. Esto es especialmente cierto en los niños pequeños o muy callados. Puede sonar algo así como: "Tienes razón. No te he dado los nuevos elementos de limpieza que compré. Lo siento. Aquí los tienes". O, "Puedo ver el problema. Permíteme recordarte dónde hay más papel".

Otra estrategia que puedes implementar cuando dicen "no puedo" es responder en voz tranquila: "¿Qué puedes hacer?". Mantén un tono de voz respetuoso y responde con tranquilidad. Probablemente los tomes por sorpresa. Te comunicas respetuosamente porque has respondido a lo que oíste. Cuando ellos no responden, pregunta otra vez: "¿Qué puedes hacer?". Luego escucha. Quizás tu hija responda: "No puedo encontrar la esponja". Entonces puedes contestar: "Eso es lo que no puedes hacer. Pero yo pregunté qué puedes hacer". Tal vez ella responda: "Está bien, ya entiendo. No he mirado en todas partes donde podría estar". Tal vez tu hijo diga:

"Practicar esta canción es muy aburrido". Tú puedes decirle: "Te pregunté qué podías hacer". Esperemos que luego conteste: "Está bien, está bien. ¿Qué te parece cinco minutos más?". Tu respuesta puede ser: "No, tu maestra espera que practiques al menos treinta minutos, al igual que papá y yo, así que te quedan quince minutos. Si no hubieras parado para reclamar, ya casi habrías terminado. ¿Necesitas que te ayude a recomenzar?

Pregunta a tus hijos qué quieren mejorar

A veces los niños y jóvenes le cuentan a Kathy que sienten que no hacen nada bien. Cuando oyen que sus padres les piden mejorar o exigen un cambio (esa es su interpretación, ya sea que los padres lo expresen o no), ellos no saben por dónde empezar. Esta es otra razón por la cual nuestro lenguaje debe ser específico.

Cuando haya un momento propicio, siéntate y conversa con tus hijos. Diles lo que te inquieta. Presenta evidencias y la razón por la cual el asunto es un problema. Una razón podría bastar para motivarlos. Cinco pueden ser demasiado y traer desesperanza. Pregunta a tus hijos qué están dispuestos a mejorar. No aceptes un "no" como respuesta, pero mantente abierto a sus sugerencias que no hayas mencionado. Elegir es un privilegio, de modo que si los hijos protestan, decide simplemente por ellos y dirige la acción. Si ellos eligen, se sentirán más motivados y enfocados en la tarea.

Luego observa los avances en esa área y, por un tiempo, deja a un lado las otras que has mencionado. Muchas veces una simple conversación tranquila aumentará la probabilidad de que tus hijos también se esfuercen por mejorar en las otras áreas, de modo que anímalos cuando esto suceda. Si no parecen motivados porque no es un asunto importante para ellos, habla al respecto y demuéstrales la diferencia entre lo bueno, lo mejor y lo más excelente. Tranquilízalos diciendo que no esperas perfección, pero que estás convencido de que pueden mejorar. Cuando haya progreso, pregúntales cómo se sienten. Conectar a los hijos con la satisfacción emocional que produce mejorar y hacer las cosas bien puede ayudarles a enfrentar otros desafíos exitosamente.

Enseña a los hijos qué fortalezas e inteligencias son relevantes para superar los problemas

Los hijos necesitan ser más conscientes de sus fortalezas y de cómo la inteligencia que poseen los hace únicos. También necesitan saber qué fortalezas pueden aplicar al problema que tienen. No siempre lo saben. En esto también puede ayudar nuestra observación.

Por ejemplo, los niños que leen con efectos de voz pueden leer en voz alta para recordar mejor los detalles de su tarea de historia. Tal vez te preocupa el creciente egocentrismo de tu hija. Sugiérele enseñar a otros sus estrategias de memorización propias de su inteligencia lógica. Puede que descubra que enseñar a otros le da satisfacción. Recordar a tu hijo que es coordinado e inteligente en sus movimientos en el campo de fútbol, y que tiene destrezas artísticas y manuales cuando trabaja con el barro puede aumentar su confianza cuando le corresponde poner la mesa y llenar los vasos con té y leche. Ayúdales a ver cómo los dones que descubren en sí mismos pueden aplicarse a otras situaciones y tareas.

Deja que tus hijos luchen y se decepcionen

En estas páginas has encontrado muchas sugerencias diseñadas para ayudarte a aceptar y amar a tus hijos tal como son. También hemos presentado muchas creencias, actitudes y acciones que necesitas tener y usar para ayudar a tus hijos a superar sus desafíos. Queremos capacitarte para que tú les ayudes a convertirse en las personas que Dios, en su amor, quiso que fueran.

Además de brindar ánimo, también tendrás que dejar que tus hijos luchen y aprendan así a manejar la decepción en la seguridad y la protección del hogar. Sí, tal como lo lees. Si protegemos a nuestros hijos de todo sufrimiento, no aprenderán a manejarlo. Preferirán evitar cualquier lucha y desafío. Llegarán a cierto punto y dejarán de crecer. Luego, cuando enfrenten errores, fracaso o sufrimiento emocional, pueden desmoronarse. También serán más dependientes de nosotros en la vida adulta. (¡Ese solo hecho debería motivarnos a dejarlos sufrir de vez en cuando!).

Nuestros hijos necesitan experimentar las consecuencias naturales de sus acciones equivocadas. Esto puede motivarlos al cambio. Lo que a ti te parece un problema, ellos también necesitan verlo como tal. Esa consciencia solo se desarrolla si nos abstenemos de protegerlos de todos los efectos negativos. Ellos necesitan sentir una medida de dolor.

Por ejemplo, si terminamos su tarea porque ellos desperdiciaron tiempo antes esa noche, no estarán motivados a aprender a manejar mejor su tiempo. Si somos padres sobreprotectores, los hijos no tendrán que preocuparse por sus decisiones. Ni siquiera tienen que pensar. Ellos saben que los protegeremos y arreglaremos sus problemas. El mensaje es aunque no tienen que ser perfectos, nuestras acciones los harán perfectos. Francamente muchas habilidades y relaciones que valoramos significan mucho para nosotros porque hemos vencido muchos obstáculos para alcanzar el éxito. No queremos privar a nuestros hijos de las mismas experiencias.

ORA ¡MUCHO!

Sabemos que hablar con Dios es importante. Dios da fortaleza al débil y sabiduría al que la pide (Is. 40:29; 2 Co. 12:9; Stg. 1:5). Él nos capacita para amar a nuestros hijos aun cuando nos cuesta sentir agrado por ellos. El cambio es más sencillo cuando oras por ti mismo y por tus hijos.

Orar es simplemente hablar con Dios. No hay fórmula para la oración. No precisa palabras especiales. Solo habla sinceramente con Dios. Cuéntale tus inquietudes. Dile por qué estás agradecido.

Pídele sabiduría y dirección, y no temas ser específico. ¿Qué clase de ayuda necesitas? ¿Qué clase de crecimiento deseas para tus hijos? Dios escucha todas las oraciones y las responde de la mejor manera. Si quieres ayuda práctica acerca de cómo orar específicamente por tu hijo, echa un vistazo al apéndice C que te muestra cómo usar la Palabra de Dios para orar por tu hijo, y el apéndice D con la lista de cualidades de carácter que puedes escoger para orar por ese hijo. Esto te dará un excelente punto de partida para empezar a orar por tu hijo.

Por supuesto que la oración más poderosa es aquella que menos queremos hacer: "Señor, cámbiame". A veces, cuando hay conflicto entre mi hijo y yo, no es él quien necesita cambiar sino yo. Mi actitud, mi paciencia, mi perspectiva, mis palabras, mi tono de voz, mi espíritu crítico, mi enojo. Tener el valor para hacer esa oración y permitir que Dios me perfeccione sin duda cambiará la dinámica de la relación entre tu hijo y tú.

Habrá momentos en la crianza cuando tu decepción es real. Díselo a Dios. Él entiende porque muchas veces sus hijos también lo decepcionan. Tus temores por tus hijos pueden ser reales. A Dios también le interesan.

Puede que necesites orar cada día: "Dios, ayúdame a aceptar a mis hijos tal como son". O , como bromea con frecuencia Kathy con su público, tal vez tu oración deba ser a veces: "Dios, ayúdame a estar dispuesto a estar dispuesto a estar dispuesto a estar dispuesto a aceptar a mis hijos tal como son".

EL PROCESO DE SER PERFECCIONADO

Hemos tratado muchos temas en las páginas de este libro. Espero que puedas decir de alguna manera que después de leerlo no eres el mismo. Nuestra oración es que tu compasión haya aumentado, tu atención sea más aguda, tu habilidad para aceptar haya crecido y tu capacidad para amar incondicionalmente se haya expandido.

En realidad, el cambio es un intercambio. Reemplazamos algo por otra cosa. ¿Qué tal si reemplazamos "ser perfecto" con "ser perfeccionado"? ¿Qué tal si fuéramos realmente capaces de aceptar que las imperfecciones de nuestra vida se contrarrestan con la realidad de un Dios perfecto que anhela resplandecer con su luz a través de las grietas de nuestra vida? ¿Qué tal si pudiéramos creer esto plenamente para nosotros mismos y para nuestros hijos, que también "están siendo perfeccionados"?

Cuando tú y yo desechamos la idea de "ser perfectos" y abrazamos sinceramente el proceso de "ser perfeccionados" por Dios, experimentaremos el contentamiento y la libertad que tanto anhelamos. Estaremos satisfechos con nosotros mismos y con dejar a nuestros hijos ser ellos mismos. No desearemos tener nada que no tengamos ya. Mejor aún, hallaremos la libertad de ser auténticos y daremos a nuestros hijos la libertad de ser ellos mismos.

Cuando empecé a aceptar la obra perfeccionadora de Dios en mi vida, dejé de preocuparme por lo que las personas pensaban. Cuando dejé de preocuparme por lo que las personas pensaban, dejé de ser una madre controladora. Cuando dejé de ser una madre controladora, aumentó mi capacidad de influir sobre mis hijos al usar los antídotos contra la infección de la perfección: compasión, atención, aceptación y amor. Dejar atrás la infección de la perfección trajo libertad y contentamiento a mis relaciones con mis hijos tan bellamente creados y perfectamente imperfectos.

Kathy y yo esperamos que este libro te haya capacitado para superar por completo la infección de la perfección. Por supuesto que no harás todo perfecto. De cuando en vez volverás a los viejos hábitos. Cuando esto suceda, reconoce tu error y avanza en gracia. Da gracias a Dios por el proceso de "ser perfeccionado".

A medida que aprendes a amar a tus hijos tal como son, las preguntas esenciales que ellos se plantean en su interior ahora tendrán respuestas claras:

....

Sí, me agradas tal como eres.

Sí, eres importante para mí.

Está muy bien que seas único.

Eres una creación hermosa de Dios.

No eres un fracaso de ninguna manera.

Tienes inmenso valor y propósito.

Sí, estoy siendo perfeccionado, y tú también. Me alegra que podamos vivir juntos esta experiencia.

Guía del líder ⟿

Querido líder,

Hearts at Home (www.HeartsatHome.org) es una organización que se fundamenta en la premisa de que los padres son más eficaces cuando no están solos en su labor de crianza. Así pues, una de las metas principales de tu grupo debe ser edificar relaciones de apoyo mutuo. Nuestra oración es que ¡Los hijos no tienen que ser perfectos! sea un texto provechoso que suscite discusiones transformadoras.

Las sesiones de grupo están organizadas alrededor de los nueve capítulos, de modo que puedes intentar planear nueve reuniones. Anima a cada familia a obtener un ejemplar del libro para que las madres y los padres puedan resaltar o escribir sobre sus libros a medida que leen. Y trae esos libros marcados a tus reuniones de grupo.

El trabajo del líder consiste en facilitar la discusión, y los mejores líderes de grupo prefieren escuchar a otros más de lo que se escuchan a sí mismos. No puedes ser un líder perfecto, pero esperamos que trates de ser lo más auténtico posible. Aunque puedes guiar mediante el ejemplo respondiendo las preguntas tú mismo, debes procurar guiar la discusión y la puesta en práctica hacia niveles más profundos.

Aprovecha tu tiempo de preparación para familiarizarte con las preguntas y anotar algunas nuevas que puedes lanzar al grupo. Ora por los miembros del grupo y por la dirección de Dios.

En la sección de Reflexión, haz tu mejor esfuerzo por animar a los miembros más callados del grupo y por avanzar en la discusión si alguno de los padres tiende a monopolizar la conversación. Si el grupo se aparta del tema, vuelve a dirigir la atención sobre la pregunta formulada.

La sección de Aplicación animará al grupo a pensar sobre el tema y establecer metas específicas. Sería maravilloso que los miembros del grupo regresaran a casa con un principio que desean poner en práctica en su crianza esa semana, y con algunas propuestas de cómo implementar las enseñanzas en sus familias.

Asegúrate de sacar tiempo para orar, ya sea reuniéndote con una persona o en un grupo de oración. Si los miembros de tu grupo no se sienten cómodos orando juntos, tal vez como líder necesites asumir la responsabilidad de terminar en oración.

Oramos porque Dios bendiga tu grupo en su disposición para aceptar sus propias imperfecciones y para cultivar el amor y la aceptación en cada familia.

Introducción/Capítulo 1: ¡Los hijos no tienen que ser perfectos!

Reflexión

1. Jill presenta ejemplos de ocasiones en las que sus expectativas como madre chocaron con la realidad que vivía (pp. 19-21). ¿Recuerdas un momento de tu crianza en el que te estrellaste con algo totalmente inesperado?

2. En las situaciones descritas, ¿cómo manejaste tu propia frustración o decepción?

3. Hemos dicho que "los intentos no son fracasos sino parte de la vida". ¿De qué maneras puede ser molesto lidiar con el progreso en lugar de la perfección? Cuando se acepta el progreso como ideal en lugar de perfección ¿de qué manera produce esto descanso?

4. ¿Qué sucede cuando las metas para tus hijos son demasiado fáciles de alcanzar?, ¿o demasiado difíciles? ¿Qué sucede cuando te ha costado fijar metas "en su justa medida"?

5. ¿Alguna vez te ha robado el contentamiento el hecho de creer que lo ajeno es mejor? ¿Cuándo te das cuenta de que te comparas a ti misma, tu casa o tu familia con otros? ¿Cuándo has podido contentarte con la vida *tal como es* y con tus hijos *tal como son*? ¿Cambia esto algo?

Aplicación

6. Recuerda tus propios choques entre las expectativas de la crianza y la realidad. ¿Cómo te sentiste respecto a la manera como

....

manejaste esas situaciones? Si todavía te reprochas los errores pasados, recuerda que eres imperfecto (¡al igual que tus hijos!) y olvida esas experiencias, pidiendo a Dios que te ayude en el futuro.

7. Trata de identificar un área particularmente difícil en la crianza, tal vez un asunto que se repite y que frustra tus expectativas. Echa otra mirada a tu expectativa y a la personalidad única de tu hijo. ¿Es posible que tu expectativa sea demasiado elevada? Si la expectativa es razonable, ¿cómo podrías alentar el progreso de tu hijo para que cumpla dicha expectativa? (¡que sean pequeños pasos!).

8. Anota rápidamente una breve lista de las cosas que te agradan de tu vida *tal como es* y de tus hijos *tal como son*. Usa la lista esta semana para orar en gratitud al Señor por las cosas que funcionan bien en tu familia.

Oración

Da gracias a Dios por su amor paciente y comprensivo para contigo, que eres su hijo imperfecto. Dale gracias por los hijos reales que Él quiso darte a ti, la persona idónea para criarlos. Pide a Dios que te dé un agudo entendimiento de tus hijos para que puedas discernir metas justas y adecuadas. Pide a Dios la sabiduría que ha prometido darte (Stg. 1:5).

· · · · · · · ·

Capítulo 2: La infección de la perfección es incompatible con la crianza

Reflexión

1. ¿Dónde observas la invasión de la perfección a tu alrededor? ¿Se ha infiltrado el perfeccionismo en tu pensamiento y en tus reacciones?

2. Revisa los diez peligros del perfeccionismo que vimos en las páginas 38-46. Parte de tu estilo de crianza es el resultado de tu propia experiencia previa. Cuando eras niño, ¿tendías a enfocarte en tus debilidades? ¿Te sentías criticado? ¿Tenías miedo de pedir ayuda a tus padres y maestros?

3. ¿Cuándo has sentido que eres amado incondicionalmente? ¿Cómo crees que esa experiencia te ayudó a entender el amor de Dios por ti?

4. ¿Cuáles son las diferencias prácticas entre la excelencia y la perfección?

Aplicación

5. Ya sea porque la vida es tan agitada o porque somos "reparadores" por naturaleza, es fácil lanzarse de inmediato a solucionar problemas que surgen. Esta semana, cuando tu hijo te hable acerca de problemas que han surgido en la escuela o en casa, ¿cómo podrías dedicar tiempo para escuchar y expresar empatía?

6. Hay cuatro acciones que pueden ayudarte a comprender mejor el corazón y las actitudes de tu hijo: pensar, involucrarte, escuchar, y esperar. ¿Cuándo has indagado más allá de la conducta

externa de tu hijo para percibir los sentimientos y las actitudes subyacentes? ¿Cómo ayudó esto a cambiar la situación?

7. Crea una lista breve de los aspectos que te agradan y aprecias de tu hijo. ¿Cómo podrías comunicar cuánto te alegra lo único que hay en él?

8. Vuelve a leer 1 Corintios 13:4-7. ¿Cómo podría esta descripción práctica de amor ayudarte a comunicar a tu hijo tu amor incondicional?

Oración

Agradece a Dios su amor incondicional por ti, aun cuando es difícil para ti sentir ese amor. Dale gracias por amar a tus hijos aún más de lo que tú los amas. Pide a Dios que te ayude a gozarte en los dones y en la personalidad única de tus hijos. Pídele que te ayude a ver más allá de los comportamientos externos y entender los asuntos del corazón que verdaderamente importan. Pide a Dios su gracia para seguir el modelo de amor según 1 Corintios 13.

Capítulo 3: ¿Soy de tu agrado?

Reflexión

1. Aún cuando pensamos que hemos dejado atrás nuestros primeros sueños de hijos futuros, a veces estos siguen latentes y afectan nuestra crianza. ¿Cuándo has notado que crías al hijo que desearías en lugar del hijo que realmente recibiste?

2. ¿Cuándo te has sentido invisible? ¿Incomprendido? ¿Irrespetado? ¿Qué sentimientos acompañaron esas experiencias?

3. ¿Cuando te han sorprendido completamente tus hijos con sus esperanzas y sueños, es decir, con esperanzas y sueños muy diferentes de los que has abrigado para ellos? ¿Cómo reaccionaste? ¿Hay algo que quisieras hacer de otra manera en el futuro?

4. Al fijar metas para tus hijos, ¿cómo has buscado un equilibrio entre la dirección parental apropiada y los deseos que manifiestan los hijos? ¿Hay ocasiones en las que tus buenos deseos para tus hijos deberían volverse una aspiración? ¿Cuándo? ¿Por qué sí o por qué no?

Aplicación

5. ¿Cómo puedes "dolerte por lo que no es" en tu familia, es decir, por los sueños o las expectativas que tenías y no se han cumplido? ¿Qué te ayuda a concederte a ti mismo gracia para dejar atrás esos viejos sueños?

6. ¿Te resulta fácil o difícil ser transparente con tus hijos acerca de tus propias luchas? ¿Qué te daría seguridad suficiente para mostrarte vulnerable delante de ellos?

·········

7. ¿Qué características de tus hijos te gustaría cambiar? Clasifícalas por categorías. ¿Son realmente asuntos críticos que precisan un cambio en aras del bienestar definitivo de tu hijo? ¿Puedes aceptar algunos rasgos de personalidad o elecciones personales?

8. ¿Qué te agrada de tu hijo? ¿Puede tu hijo ver en sí mismo esos dones? ¿Cómo podrías ayudar a tu hijo a identificar su propia grandeza? ¿Qué cambiaría este reconocimiento?

Oración

Da gracias a Dios por los sueños y esperanzas que tienes para tu hijo, y también por los que has dejado atrás. Dale gracias por su gracia y compasión que te ha manifestado. Pide a Dios que te ayude a asimilar su gracia para que puedas comunicar a tus hijos un amor y aceptación similares. Pide a Dios que te ayude a "amar sin cesar" aún cuando te sientes frustrado o enojado.

Capítulo 4: ¿Soy importante para ti?

Reflexión

1. ¿Cómo han afectado tus propios sentimientos de importancia (o la ausencia de ellos) tu comportamiento y tus decisiones?

2. ¿Qué hace sentir insignificantes a los hijos (y más adelante a los adultos)? ¿Cuándo te has sentido más reconocido y valorado por los demás? ¿De qué manera esto te afectó?

3. Si las necesidades fundamentales de toda persona son seguridad, identidad, pertenencia, propósito y capacidad, ¿por qué es un problema intentar suplir estas necesidades con la crianza?

Aplicación

4. "Los hijos pueden sentirse como proyectos inconclusos que sus padres intentan terminar o problemas que intentan resolver en lugar de niños en proceso de crecimiento". ¿Qué aspectos de la crianza se asemejan a trabajar en proyectos y solucionar problemas? ¿Qué puede ayudar a nuestros hijos a comprender que, aún en plena preparación práctica para la vida, los valoramos a ellos y sus procesos de crecimiento?

5. ¿Cuáles son algunas diferencias prácticas entre enseñar a un hijo a cambiar y decirle que cambie?

6. En la atareada agenda familiar puede ser complicado suspender las exigencias del trabajo, la escuela y el cuidado del hogar para sacar tiempo exclusivo para estar con tu hijo. ¿Cómo podrían organizar su tiempo para jugar o relajarse juntos esta semana? ¿Por qué vale la pena hacerlo?

....

7. Sin dejar que tu hijo dicte las actividades y la atmósfera de la vida familiar, ¿cómo podrías concederle más importancia en las conversaciones y la toma de decisiones familiares?

Oración

Da gracias a Dios por haberte hecho a su imagen (Gn. 1:26-27), por crearte (Sal. 139) y por amarte y proveer para tu salvación (Ro. 5:8). Dale gracias por darte seguridad, identidad y pertenencia en Él. Pide a Dios que te ayude a ver, valorar y afirmar la importancia de tu hijo en tu familia y en el mundo.

Capítulo 5: ¿Está bien si soy único?

Reflexión

1. ¿Existían algunos aspectos de tu propia personalidad o apariencia que te desagradaban cuando eras pequeño? ¿Cómo llegaste a aceptar esa característica o a descubrir por qué Dios te hizo de esa manera?

2. Revisa la tabla de la página 118. Al seleccionar tus propias características, ¿qué clase de "inteligencias" tienes? ¿Cómo has podido aceptar que no TODA forma de inteligencia constituye una fortaleza?

3. Lee de nuevo 1 Corintios 12:4-27 (citado en pp. 120-121). ¿Cuál ha sido tu experiencia de "vida de cuerpo" con otros cristianos? ¿De qué maneras han podido trabajar juntos y apoyarse mutuamente?

Aplicación

4. Escribe los nombres de tus hijos en una hoja de papel, seguida por las clases de inteligencia que crees que cada uno podría tener. ¿Cómo puedes reforzar y alentar la "inclinación" natural de cada hijo?

5. Al identificar las inteligencias de tus hijos, ¿sientes alguna decepción o frustración porque sus talentos son muy diferentes de lo que tú esperabas? ¿Cómo puedes mostrar gracia para contigo en el proceso de duelo y así seguir adelante? ¿Por qué vale la pena hacerlo?

6. Ya que los hijos "asimilan" tanto del ejemplo que observan en sus

padres, ¿cómo podrías hablar esta semana con ellos acerca de tus propias fortalezas y debilidades? ¿Qué historias de tu propias luchas podrían animarlos en su proceso de crecimiento?

7. La familia es el primer lugar donde practicamos los mandamientos bíblicos de "los unos a los otros" que edifican la iglesia como un cuerpo interconectado e interdependiente. Medita en las diversas fortalezas y debilidades representadas en tu familia inmediata. ¿Puedes ver en esa mezcla de dones algunas oportunidades para edificar la interdependencia y el apoyo mutuo como cuerpo?

Oración

Da gracias a Dios por su sabiduría y soberanía en darte a ti y a tus hijos las características que los hacen únicos. Dale gracias específicamente por las inteligencias representadas en tu familia. Pide a Dios que te dé la sabiduría para ayudar a tus hijos a crecer en las áreas en las cuales han sido dotados. Pide a Dios que te ayude a fortalecer a cada miembro de tu familia para lograr una "vida saludable como cuerpo" al interior de tu familia inmediata y de la familia de Dios.

Capítulo 6: ¿Quién soy?

Reflexión

1. ¿Qué etiquetas o calificativos has recibido en el pasado? (Mira la lista de las páginas 132-133: "hijo mayor, el menor, el del medio, adoptado, Trastorno por Déficit de Atención con Hiperactividad, ansioso, pródigo, inteligente, pensador, sentimental, introvertido, extrovertido, hablador", etc.). ¿Fueron algunas etiquetas positivas y útiles? ¿Cuáles te acompañaron por más tiempo? ¿Por qué?

2. ¿Cuáles etiquetas tenían que ver con "hacer", es decir, se basaban en lo que haces o logras? ¿Cuáles eran etiquetas de "ser", basadas en el carácter, en lo que eres?

3. ¿Cómo crees que tu relación con tu padre influyó en tus creencias, tus elecciones y tu personalidad?

4. ¿En qué otra instancia la afirmación de una persona ha sido determinante en tu vida?

Aplicación

5. Piensa en cada uno de tus hijos. ¿Piensas que se ven a sí mismos como errores o como milagros únicos e irrepetibles? ¿Qué afecta la manera como se ven a sí mismos?

6. Revisa en qué consiste la afirmación de tres elementos (pp. 137-138). Haz una lluvia de ideas y traza un plan que te permita afirmar una cualidad del carácter para cada uno de tus hijos usando la fórmula (expresa una cualidad positiva específica, presenta la

evidencia que respalda tu afirmación y explica la razón por la cual eso te alegra).

7. Recuerda cómo fue tu interacción con tus hijos la semana pasada, en la que tal vez pronunciaste algunas etiquetas de "hacer" y de "ser". Concédete un poco de gracia si sientes ahora que algunas fueron negativas. Piensa con anticipación en situaciones que podrían surgir en los próximos días y escoge maneras positivas de comunicarte.

Oración

Agradece a Dios por su gracia y su misericordia que son nuevas para ti cada día (cada mañana). Da gracias a Dios por crear a tus hijos y a ti como milagros irrepetibles. Pide a Dios que te ayude a ver más y más, y a gozarte en la bondad de su obra con la que creó a cada uno y los unió como familia.

Capítulo 7: ¿Soy un fracaso?

Reflexión

1. ¿Cuándo te impide el perfeccionismo descansar en la convicción de que Dios te está perfeccionando en su tiempo?

2. ¿Eres demasiado duro contigo mismo cuando cometes errores? ¿Es difícil para ti perdonarte y tratarte con compasión y gracia? ¿Hay razones que valdría la pena explorar?

3. Revisa las razones que aparecen en las pp. 153-157 acerca de por qué los hijos cometen errores. ¿Podrían ser las mismas por las cuales a veces *tú* cometes errores? ¿Qué podría ayudarte a ser más tolerante contigo mismo y seguir adelante?

4. ¿Te consideras más como un optimista o un pesimista? ¿Cómo podrías practicar experiencias de "publicista" que te ayuden a adoptar una visión más esperanzadora y tener la expectativa de mejores resultados?

5. De las personas que conoces, ¿a quiénes admiras porque han ganado batallas o superado situaciones difíciles? ¿De qué manera esas luchas han contribuido a lo que son ahora?

Aplicación

6. ¿Crees que tus hijos se sienten seguros en casa para cometer errores? ¿Qué podría ayudarles a comunicarse más libremente cuando algo les sale mal?

7. La vida puede ser tan atareada que es difícil encontrar un lugar en la agenda familiar para hablar con nuestros hijos acerca de sus sentimientos. Piensa en la semana que viene. ¿En qué

....

momentos podrías incluir una conversación personal con cada uno de tus hijos? ¿Cómo crees que les parecerá esta idea?

8. Compartir juntos momentos frecuentes de tranquilidad sienta una base sólida para afrontar los tiempos en lo que tengas que lidiar con luchas y desilusiones familiares. Si hace mucho tiempo tu familia no ha programado un momento de descanso juntos, aparta en el calendario de la semana próxima un tiempo para divertirse.

Oración

Da gracias a Dios por el perdón que en su gracia Él te concede. Da gracias por revestirte de fuerza, valor y sabiduría en tu labor de crianza. Pídele que te dé la gracia para manejar los errores en tu familia (los tuyos y los de tus hijos).

Capítulo 8: ¿Cuál es mi propósito?

Reflexión

1. ¿Qué actividades te resultan más emocionantes y satisfactorias? ¿Cómo se relacionan estas actividades con los propósitos que sientes que Dios te ha dado?

2. Efesios 2:10 sugiere que Dios ha preparado de antemano "buenas obras" para que hagamos. ¿Cuáles son algunas de las "buenas obras" que Dios ya te ha asignado, pasadas o presentes? ¿Cómo te sientes cuando las pones en práctica?

3. ¿En qué instancias y durante qué actividades sientes que glorificas a Dios en tus acciones?

4. ¿Cuál es tu forma predilecta de servir a otros? ¿Por qué?

Aplicación

5. ¿De qué formas alaban a Dios como familia? ¿Cómo pueden ser las tareas cotidianas actos de adoración (Ro. 12:1)?

6. ¿Cómo enfrentan el aburrimiento tú y los miembros de tu familia? Si el "tiempo frente a la pantalla" se ha convertido en la opción automática, ¿cómo puedes incorporar más pasatiempos productivos y sociales?

7. Empieza una lluvia de ideas para preguntar a tus hijos: ¿qué cosas hacen bien?, ¿qué los emociona?, ¿qué sueños tienen?

8. ¿De qué manera los intereses y dones particulares de tus hijos los dispone para servir a otros? ¿Hay proyectos que pueden realizar como familia?

. . . .

Oración

Da gracias a Dios por sus planes para ti y para cada uno de tus hijos. Dale gracias por crear de antemano buenas obras para ellos. Pide a Dios sabiduría para monitorear el uso que das a tu tiempo y tus hijos al suyo. Pide a Dios que te muestre oportunidades para poner al servicio de otros los dones representados en tu familia.

Capítulo 9: ¿Me ayudas a cambiar?

Reflexión

1. ¿Quiénes son las personas en tu vida que te han ayudado a crecer en madurez? ¿Quiénes te han dicho la verdad y te han ayudado a corregir tus ideas equivocadas de ti mismo o del mundo a tu alrededor, o han arrojado la luz de la Palabra de Dios en asuntos que han surgido en tu vida? ¿De qué modo fue esto importante para ti?

2. ¿Existen algunas mentiras que un hijo podría estar creyendo de sí mismo? ¿Cómo podrías hablar la verdad frente a esa mentira? ¿Qué podría convencer a tu hijo de que tienes razón?

3. Siendo un adulto, ¿cómo te sientes respecto al cambio? ¿Te parece difícil e incluso imposible? ¿Te sientes esperanzado respecto a esto? ¿Por qué sí o por qué no?

Aplicación

4. La comunicación familiar sana es positiva, sincera, íntegra y tranquila (p. 194). ¿Cómo calificarías tus interacciones con tus hijos en estas cuatro áreas? ¿Hay alguna en la que debas enfocarte para mejorar en la semana que viene?

5. Con algunos hijos no es fácil entablar una conversación. ¿Durante qué actividades y a qué hora del día surgen las mejores conversaciones con tus hijos? ¿Cómo podrías aprovechar esta realidad para crear momentos y espacios para buenas conversaciones?

6. ¿Cómo entiendes las diferencias entre *enseñar* y *decir* (pp. 197-199)? ¿Entre *corregir* y *criticar* (p. 199)?

7. ¿Puedes identificar un reto que enfrenta tu hijo en este momento? ¿Cuáles fortalezas e inteligencias de tu hijo podrían ayudarle a superarlo? ¿Cómo podrías ayudar a tu hijo a identificar esos dones y las soluciones posibles?

Oración

Gracias a Dios porque ha prometido que su gracia es suficiente en nuestras debilidades (2 Co. 12:8-12). Dale gracias por hacerte más y más como Cristo (2 Co. 3:17-18; Ef. 4:23-25). Confíale el proceso de maduración de cada uno de tus hijos. Pídele que te dé un discernimiento especial para acompañar a tus hijos en su proceso de crecer en Cristo.

PALABRAS PARA DESCRIBIR
sentimientos[26]

L a lista de las páginas siguientes puede ayudar a tus hijos a identificar con exactitud los sentimientos que experimentan y que
se manifiestan en ciertos comportamientos. Usarla puede expandir
el vocabulario emocional de tu hijo. Puede ser especialmente útil
para los varones que tienen muchas respuestas emocionales ante la
vida, pero menos vocabulario para explicar sus sentimientos. Por
ejemplo, cuando los hijos te dicen que están "felices", puedes mostrarles algunas o todas las palabras bajo el término "feliz" y pedirles
que escojan una o dos que describa más exactamente sus sentimientos en ese momento.

---

26. Material desarrollado por la doctora Kathy Koch.

FELIZ
Alegre
Gozoso
Inspirado
Contento
Entusiasmado
Animado
Jubiloso
Optimista
Gracioso
Juguetón

CONTENTO
Satisfecho
Cómodo
Apacible
Tranquilo
Complacido
Bendecido
Sosegado

EMOCIONADO
Animado
Eufórico
Jubiloso
Alborozado
Entusiasmado
Alegre

TRISTE
Afligido

Desalentado
Abatido
Infeliz
Deprimido
Melancólico
Taciturno
Sombrío
Acongojado
Entristecido
Hosco
Desanimado
Malhumorado
Irritable
Incómodo
Decaído

CONFUNDIDO
Inseguro
Angustiado
Nervioso
Indeciso
Vacilante
Desorientado
Avergonzado
Desconcertado
Perplejo
Incomprendido

HERIDO
Ofendido
Apesadumbrado

Adolorido
Lastimado
Afligido
Acongojado
Preocupado
Doliente
Abatido
Desesperanzado
Asolado
Solo

ENOJADO
Resentido
Fastidiado
Enfurecido
Furioso
Molesto
Enfadado
Indignado
Furibundo
Ofendido
Traicionado
Engañado

ASUSTADO
Paralizado
Temeroso
Aterrado
Tembloroso
Ansioso
Aterrorizado

Espantado	Decidido	**ANSIOSO**
Alarmado	Convencido	Incómodo
Estupefacto	Audaz	Apenado
Espantado	Entusiasta	Frustrado
Preocupado	Confiado	Avergonzado
Receloso	Intrépido	Nervioso
Consternado		Agitado
Atemorizado	**INSEGURO**	Preocupado
Tembloroso	Incrédulo	Estresado
Amenazado	Escéptico	
Inseguro	Desconfiado	**SORPRENDIDO**
	Receloso	Estupefacto
VALIENTE	Vacilante	Asombrado
Animado	Incierto	Absorto
Valeroso	Crítico	Admirado
Seguro	Irresoluto	Desconcertado
Atrevido	Indeciso	Instruido
Heroico	Inestable	Abstraído
Autosuficiente		Perplejo
Emprendedor		

Tareas APROPIADAS PARA LOS HIJOS SEGÚN LA EDAD[27]

por Sheila Seifert

¿Qué tareas necesitan aprender tus hijos y qué son capaces de hacer?

En primer lugar, reconoce la diferencia entre una tarea doméstica (un trabajo constante que beneficia a todo la familia) y una destreza para la vida (algo que los hijos deben saber hacer antes de irse a vivir por cuenta propia, como por ejemplo manejar una cuenta bancaria). La siguiente lista no incluye destrezas para la vida. Es una lista de tareas domésticas.

En segundo lugar, recuerda que cada hijo madura a un ritmo diferente. Ajusta la lista conforme a las destrezas y talentos de tus hijos, y ten en cuenta que ninguno debe realizar cada día todas las tareas de la lista.

Con estos dos requisitos en mente, presentamos algunas pautas para las tareas personales y familiares. Esta lista es solamente una

---

27. Extraído del artículo "Age-Appropriate Chores" de Sheila Seifert. Copyright © 2009, Focus on the Family. Usado con permiso.

guía y refleja la clase de tareas que muchos niños son capaces de llevar a cabo en estos rangos de edad:

DE 2 A 3 AÑOS

Tareas personales

- ✦ Ayudar a tender sus camas
- ✦ Recoger juguetes con supervisión

Tareas familiares

- ✦ Poner su ropa sucia en el lugar correspondiente
- ✦ Llenar el tazón de agua y comida de la mascota (con supervisión)
- ✦ Ayudar a los padres a limpiar derrames y mugre
- ✦ Limpiar el polvo

DE 4 A 5 AÑOS

Nota: en esta edad se les puede enseñar a usar la lista de tareas domésticas.

Tareas personales

- ✦ Vestirse con ayuda mínima de los padres
- ✦ Tender su cama con ayuda mínima de los padres
- ✦ Sacar sus cosas del auto para llevarlas a la casa

Tareas familiares

- ✦ Poner la mesa con supervisión
- ✦ Limpiar la mesa con supervisión
- ✦ Ayudar a los padres a cocinar
- ✦ Ayudar a los padres a cargar paquetes (ligeros) de compras
- ✦ Ordenar medias por pares
- ✦ Contestar el teléfono con ayuda de los padres
- ✦ Encargarse de la comida y el agua de la mascota

❧ Colgar las toallas en el baño
❧ Limpiar pisos con un paño seco.

DE 6 A 7 AÑOS

Nota: en esta edad se les puede supervisar en el uso de la lista de tareas domésticas.

Tareas personales

❧ Tender su cama cada día
❧ Cepillarse los dientes
❧ Peinarse
❧ Elegir el vestuario y vestirse
❧ Escribir notas de agradecimiento con supervisión

Tareas familiares

❧ Encargarse de la comida, el agua y el ejercicio de la mascota
❧ Aspirar las habitaciones
❧ Limpiar con paño húmedo las habitaciones
❧ Doblar ropa con supervisión
❧ Ordenar su ropa en sus cajones y armarios
❧ Ordenar la loza del lavaplatos
❧ Ayudar a cocinar con supervisión
❧ Vaciar las canecas del interior de la casa
❧ Contestar el teléfono con supervisión

DE 8 A 11 AÑOS

Nota: en esta edad les conviene usar la lista de tareas domésticas.

Tareas personales

❧ Encargarse de la higiene personal
❧ Mantener la habitación limpia
❧ Ser responsable por las tareas

- Ser responsable por sus pertenencias
- Escribir notas de agradecimiento como regalos
- Despertarse usando un reloj despertador

Tareas familiares

- Lavar los platos
- Lavar el auto con supervisión
- Preparar alimentos solos
- Limpiar el baño con supervisión
- Rastrillar hojas
- Aprender a usar la lavadora y la secadora
- Ordenar toda la ropa con supervisión
- Sacar la caneca externa para la recolección de basuras
- Probar las alarmas de humo una vez al mes con supervisión
- Examinar llamadas telefónicas identificando en la pantalla al que llama y contestar según convenga

DE 12 A 13 AÑOS

Tareas personales

- Encargarse de la higiene personal, las pertenencias y los deberes
- Escribir invitaciones y notas de agradecimiento
- Programar su despertador
- Hacer el mantenimiento de sus objetos personales, como recargar baterías de aparatos
- Cambiar las sábanas
- Mantener su habitación ordenada y hacer una limpieza profunda dos veces al año

Tareas familiares

- Cambiar bombillas

‣ Cambiar la bolsa de la aspiradora
‣ Limpiar el polvo, aspirar, limpiar baños y lavar los platos
‣ Limpiar espejos
‣ Cortar el césped con supervisión
‣ Cuidar a otros niños
‣ Preparar una comida familiar

DE 14 A 15 AÑOS

Tareas personales

‣ Ser responsable de todas las tareas personales para niños de 12 a 13 años
‣ Ser responsable de libros y tarjeta de biblioteca

Tareas familiares

‣ Hacer las tareas domésticas asignadas sin que se les diga
‣ Trabajar en labores del patio según se necesite
‣ Cuidar niños
‣ Cocinar, desde hacer la lista de compras y comprar los ingredientes (con supervisión) hasta servir la comida, de vez en cuando
‣ Lavar las ventanas con supervisión

DE 16 A 18 AÑOS

Tareas personales

‣ Ser responsable de todas las tareas para niños de 14 a 15 años
‣ Ser responsable de ganar el dinero que gasta
‣ Ser responsable de comprar su propia ropa
‣ Ser responsable de mantener el auto que conduce (por ejemplo combustible, cambios de aceite, presión de neumáticos, etc.)

....

Tareas familiares

- Ayudar en las labores domésticas según se necesite
- Hacer trabajos en el patio según se necesite
- Preparar las comidas de la familia, desde crear la lista de compras hasta servirla, según se necesite
- Limpiar a fondo los electrodomésticos según se necesite (por ejemplo, limpiar el congelador)

CÓMO *orar* POR TUS HIJOS CON VERSÍCULOS BÍBLICOS[28]

El cielo y la tierra pasarán, pero mis palabras jamás pasarán.
Marcos 13:31

ORA PIDIENDO QUE TUS HIJOS...

Sean salvos

Y da a _____ un corazón íntegro [un corazón nuevo] y pon en ellos un espíritu renovado; arranca de ellos el corazón de piedra [endurecido de forma anormal] y dales un corazón de carne [sensible y receptivo al toque de su Dios].
(Adaptación de Ezequiel 11:19)

Vuelvan al Señor

Que el Señor dé a _____ un nuevo corazón e infunda un espíritu nuevo en _____; que quite a

---

28. Todos los derechos reservados. Moms in Prayer International, 2013. Usado con permiso.

_____ *ese corazón de piedra y dé a* _____ *un corazón de carne.*

(Adaptación de Ezequiel 36:26)

Sean valientes frente a tareas difíciles

Que _____ *sean fuertes y valientes, y pongan sus manos a la obra. Que no tengan miedo ni se desanimen, porque Dios el Señor, su Dios, estará con* _____. *Señor, tú no dejarás ni abandonarás a* _____. *Tú velarás porque toda la obra del Señor se haya terminado completamente.*

(Adaptación de 1 Crónicas 28:20)

Caminen en fidelidad y devoción

Recuerda Señor cómo _____ *se han conducido delante de ti con lealtad y con un corazón íntegro, y que han hecho lo que te agrada.*

(Adaptación de Isaías 38:3)

No se rindan

Que _____ *no se cansen de hacer el bien, porque a su debido tiempo cosecharán si no se dan por vencidos.*

(Adaptación de Gálatas 6:9)

Tengan un espíritu manso

Por lo tanto, como escogidos de Dios, santos y amados, que _____ *se revistan de afecto entrañable y de bondad, humildad, amabilidad y paciencia.*

(Adaptación de Colosenses 3:12)

Permanezcan firmes

Que _____ se mantengan firmes, cumpliendo en todo la voluntad de Dios, plenamente convencidos.
(Adaptación de Colosenses 4:12)

Sean pacificadores

Que _____ sean pacificadores que siembren semillas de paz para cosechar fruto de justicia.
(Adaptación de Santiago 3:18)

Se sometan a Dios y resistan al diablo

Que _____ se sometan a Dios, resistan al diablo, y él huirá de _____.
(Adaptación de Santiago 4:7)

No tengan miedo

Que _____ sean fuertes y valientes, que no teman ni se asusten, pues el Señor su Dios siempre acompañará a _____; nunca los dejará ni los abandonará.
(Adaptación de Deuteronomio 31:6)

Cualidades DEL CARÁCTER PARA FORMAR EN TUS HIJOS[29]

ADORACIÓN: honrar a Dios con reverencia.

AGRADECIMIENTO: expresar profunda gratitud y aprecio a Dios y a las personas.

ALEGRÍA: abundar en gozo, júbilo y regocijo.

ALENTADOR: alentar, aprobar o felicitar a alguien en el momento correcto.

AMABILIDAD: demostrar una actitud mansa y compasiva hacia los demás.

AMISTAD: acompañar a otra persona para dar y recibir apoyo y ánimo.

AMOR: tener un apego profundo y afecto por otra persona.

---

29. Adaptado de varias fuentes, entre las cuales están *The Institute in Basic Conflicts*, el programa *Character First!*, *The Character of Jesus* de Charles Edward Jefferson (Hong Kong: Forgotten Books, 2012), y la enseñanza de Bruce Bickel. Reimpresión de *Character That Counts: Who's Counting Yours?* (2012) de Rod Handley. Usado con permiso de Cross Training Publishing, Omaha, Nebraska. Todos los derechos reservados. Para solicitar copias, contactar a Rod al (816) 525–6339 o www.characterthatcounts.org o a Gordon al (308) 293–3891 o www.crosstrainingpublishing.com.

AMPLITUD: tener profundidad y amplitud en palabras y en hechos, en el corazón y en la mente.

APOYO: aprender a responder a las necesidades con amabilidad, interés, y amor.

ARREPENTIMIENTO: reconocer humildemente cómo has fallado a las normas de Dios y buscar su perdón para enmendar su error.

ARROJO: la libertad para llevar a cabo algo de la manera más excelente y sin limitaciones.

ATENCIÓN: apreciar el valor de una persona o de una tarea prestándole tu concentración y esfuerzo sin reservas.

AUTENTICIDAD: ser exactamente lo que dices que eres con sinceridad y transparencia.

AUTOCONTROL: someter tus pensamientos, palabras, acciones y actitudes constantemente en obediencia por el bien de los demás.

AUTODISCIPLINA: permanecer dentro de los términos y límites establecidos.

BENEVOLENCIA: suplir las necesidades básicas de otros sin expectativas de recompensa personal.

BONDAD: tener excelencia moral y un estilo de vida virtuoso; una cualidad general de conducirse apropiadamente.

CABALLEROSIDAD: proteger al débil, al que sufre y al abandonado velando por mantener la justicia y la equidad.

CAPACIDAD DE PERSUADIR: vencer los obstáculos mentales de otro usando palabras que motiven al espíritu del oyente a confirmar la verdad hablada.

COHERENCIA: seguir constantemente los mismos principios, trayectorias o formas bajo cualquier circunstancia; mantenerse unido.

COMPASIÓN: invertir lo que sea necesario para sanar las dolencias de otros estando dispuesto a soportar su dolor.

....

COMPROMISO: aplicarte a cumplir tu palabra (promesas, compromisos o votos) mediante la acción.

CONFIABILIDAD: cumplir lo que te has comprometido a hacer aun cuando esto supone un sacrificio inesperado.

CONFIABLE: creer completa y totalmente en alguien o en algo.

CONFIANZA: depositar tu confianza y fe plenas en la veracidad de una persona o cosa.

CONOCIMIENTO: estar familiarizado con hechos, verdades o principios por medio del estudio y la investigación.

CONSIDERACIÓN: manifestar cortesía hacia otros mediante actos y/o palabras de amabilidad.

CONTENTAMIENTO: aceptarte a ti mismo tal como Dios te creó con tus dones, talentos, habilidades y oportunidades.

CREATIVIDAD: afrontar una necesidad, tarea o idea desde una nueva perspectiva.

CUIDADO DEL PRÓJIMO: atender las necesidades físicas, mentales y espirituales de otros.

CULTIVAR VÍNCULOS CON LAS PERSONAS: establecer relaciones auténticas, evitando el aislamiento perjudicial.

DECIDIDO: ejercitar determinación para permanecer encaminado hasta alcanzar una meta.

DEFERENCIA: limitar tu libertad para hablar y actuar a fin de no ofender los gustos de otros.

DETERMINACIÓN: trabajar decididamente para llevar a cabo metas a pesar de la oposición.

DILIGENCIA: considerar cada tarea como un deber especial y usar toda tu energía para llevarla a cabo.

DISCERNIMIENTO: procurar usar la capacidad de juzgar intuitivamente a las personas y las situaciones; entender por qué te suceden cosas a ti y a otras personas.

DISCIPLINA: recibir instrucción y corrección con actitud

positiva; mantener y reforzar la conducta adecuada conforme a las normas y las directrices.

DISCRECIÓN: reconocer y evitar palabras, acciones y actitudes que podrían acarrear consecuencias indeseables.

DISPONIBILIDAD: dar prelación en tu propia agenda y en tus prioridades a los deseos de las personas a quienes sirves.

DISPOSICIÓN PARA APRENDER: demostrar disposición para aprender o recibir entrenamiento sin reservas ni impedimentos.

ENTENDIMIENTO: demostrar gran inteligencia y una mente sensata en la comprensión y discernimiento de las cosas.

ENTEREZA: ejercer una tenacidad de voluntad con fortaleza y resolución. Una disposición a ir en contra de las tradiciones y tendencias del mundo.

ENTUSIASMO: manifestar un vivo interés y pasión en cada tarea al tiempo que inviertes tu mejor esfuerzo.

EQUIDAD, JUSTICIA: analizar una decisión desde el punto de vista de cada persona involucrada.

EQUILIBRADO: ser totalmente equilibrado en mente, cuerpo y espíritu.

ESPERANZA: sentir que tu deseo más profundo se cumplirá y que los acontecimientos llegarán a buen término.

ESTAR ALERTA: ser muy consciente de los acontecimientos a tu alrededor para que puedas responder a ellos de manera adecuada.

EXCELENCIA: llevar a cabo algo de la mejor manera posible, consciente de que cada tarea realizada será evaluada.

FE: desarrollar una confianza inamovible en Dios y actuar conforme a ella.

FIDELIDAD: ser íntegro en la ejecución de tus deberes; ser fiel a tus palabras, promesas y votos.

FIJAR LÍMITES: crear un "lugar seguro" o límites que te protejan de tentaciones que pueden ser inmanejables.

FIRMEZA: aprender a poner fin a decisiones difíciles conforme a lo que es correcto, no a lo que es tentador o popular.

FLEXIBILIDAD: aprender a cambiar de planes gustosamente cuando las circunstancias inesperadas lo requieren.

FORTALEZA: tener poder, fuerza y vigor para la tarea asignada.

FRANQUEZA: hablar la verdad todo el tiempo cuando es preciso decirla.

FRUGALIDAD: rehusar gastar dinero innecesariamente.

GENEROSIDAD: comprender que todo lo que tienes (tiempo, talentos y riquezas) pertenece a Dios, y darlo libremente para el beneficio de otros.

GRANDEZA: demostrar una extraordinaria capacidad para el logro.

GRATITUD: comunicar a otros por medio de tus palabras y acciones cómo han aportado a tu vida.

HERMANDAD: mostrarse amigable y dispuesto a prestar ayuda en virtud de una relación.

HONESTIDAD: esforzarse por hacer lo correcto sin motivos ocultos.

HONOR: respetar a los que están en liderazgo por la autoridad superior que representan.

HOSPITALIDAD: compartir con alegría alimento, abrigo y vida con aquellos con quienes te relacionas.

HUMILDAD: ver el contraste entre lo que es perfecto y tu incapacidad de alcanzar esa perfección.

INDIGNACIÓN: canalizar el impulso impetuoso de mostrar ira justificada, sin pecar.

INICIATIVA: identificar y hacer lo que se necesita antes de que te pidan hacerlo.

INGENIO: usar sabiamente lo que otros normalmente pasarían por alto o desecharían.

INTEGRIDAD: proclamar la verdad con sinceridad y franqueza bajo cualquier circunstancia.

JÚBILO: decidir ser agradable pese a las circunstancias externas y lograr levantar el ánimo a otros.

JUSTICIA: actuar moral y éticamente de tal modo que se honre a Dios, sin importar quién esté mirando.

LEALTAD: usar los momentos difíciles para demostrar mi compromiso con otros o con aquello que es lo correcto.

LIDERAZGO: guiar a otros hacia una conclusión positiva.

MANSEDUMBRE: ceder tu poder, derechos personales y expectativas humildemente con el ánimo de servir.

MAYORDOMÍA: administrar y manejar con eficiencia los asuntos personales y financieros.

OBEDIENCIA: cumplir instrucciones para que la persona a quien sirves esté plenamente satisfecha y complacida.

OPTIMISMO: mostrarse confiado, esperanzado y nunca incierto.

ORDEN: ayudar a organizar y a cuidar posesiones personales para ser más eficiente.

ORIENTADO A LOS OBJETIVOS: alcanzar el máximo de resultados hacia el área donde dirijo mis esfuerzos.

ORIGINALIDAD: crear "nuevos" pensamientos e ideas y expandir las verdades desde un punto de vista independiente.

PACIENCIA: aceptar situaciones difíciles sin exigir que sean removidas en una fecha límite.

PACÍFICO: estar en paz contigo mismo y con los demás.

PERDÓN: olvidar las ofensas de otros y no usar en contra suya agravios pasados.

PERSEVERANCIA: un esfuerzo continuo para hacer o lograr algo a pesar de las dificultades, los fracasos y la oposición.

PERSONA DE ORACIÓN: tener comunión con Dios espiritualmente por medio de la adoración, la confesión, la acción de gracias y la súplica.

PRECAUCIÓN: saber estar alerta en una situación peligrosa o riesgosa.

PROSPERIDAD: florecer o ser exitoso, especialmente en lo que atañe a las finanzas.

PRUDENCIA: demostrar precaución, humildad y sabiduría en asuntos prácticos.

PUNTUALIDAD: mostrar respeto por otras personas usando respetuosamente su tiempo limitado.

PUREZA: librarse de todo aquello que contamina o adultera.

PUREZA EN EL HABLAR: hablar palabras limpias, irreprochables e intachables.

RAZONABLE: tener una mente equilibrada, juiciosa, sana y que demuestre sentido común.

RECTITUD: ser íntegro y cabal en principios morales y éticos.

RENOVACIÓN: restaurar las fuerzas mediante la recuperación y el reaprovisionamiento.

RESISTENCIA: ejercitar la fortaleza interior para soportar el estrés y hacer el mejor esfuerzo para afrontar los acontecimientos de la vida.

RESPETO: honrar y estimar a otra persona por admiración profunda.

RESPONSABILIDAD: saber y hacer lo que se espera de ti.

RESPONSABILIDAD PARA RENDIR CUENTAS: ser responsable de tu comportamiento ante Dios y por lo menos una persona más.

RESTAURACIÓN: lograr un nuevo comienzo.

REVERENCIA: dar honra a lo que es debido y respetar las posesiones y la propiedad ajenas.

SABIDURÍA: aprender a ver y a responder correctamente frente

....

a las situaciones de la vida con buen juicio; la aplicación del conocimiento.

SANTIDAD: ser íntegro sin mancha ni tacha.

SEGURIDAD: estructurar la vida en torno a lo que es eterno y lo que no puede destruirse o perderse.

SENSIBILIDAD: ser consciente y prestar atención a las verdaderas actitudes y necesidades emocionales de quienes me rodean.

SERVICIO: interesarse por conocer y suplir las necesidades de otros antes de preocuparse por las necesidades propias.

SUMISIÓN: someterte a la autoridad, la guía y la dirección de Dios en tu vida.

TEMOR DEL SEÑOR: tener un sentido de asombro y respeto por el Dios Todopoderoso que está por encima y más allá de todos y de todo lo que existe.

TOLERANCIA: aprender a aceptar a los demás como individuos valiosos independientemente de su nivel de madurez.

TRANSPARENCIA: permitir que otros examinen tu vida para que rindas cuentas y seas responsable.

VALENTÍA: demostrar la confianza y el valor para hacer lo correcto, lo cual traerá la victoria final sin importar la oposición presente.

VALOR: llevar a cabo tus responsabilidades y defender tus convicciones a pesar de sentir miedo.

VEHEMENCIA: tener emociones o sentimientos intensos, poderosos e imperiosos hacia algo o hacia alguien.

VERACIDAD: ganar la confianza futura al reportar con precisión hechos pasados.

VIRTUD: asumir la responsabilidad personal de defender lo que es puro, justo y verdadero.

VIRTUD: construir normas morales personales que inspiren en otros una vida moral más elevada.

....

VISIONARIO: soñar sin sentirse cohibido por lo desconocido. Mirar más allá de los problemas al crear soluciones exitosas.

VULNERABILIDAD: estar abierto a recibir críticas y dirección constructivas.

Bendiciones BÍBLICAS PARA ORAR[30] POR TUS HIJOS

por Brian Smith

Bendecir a nuestros hijos es parte de una rica herencia bíblica. En el Antiguo Testamento, los padres pronunciaban diariamente bendiciones sobre sus hijos (ver Gn. 27:26-29, 39-40; 49:1-28). Como creyentes y sacerdotes de Dios (1 P. 2:9), uno de nuestros privilegios es bendecir a otros. Cuando se invoca el nombre de Dios sobre su pueblo, Dios los bendice (ver Nm. 6:22-27).

Cuando hagas estas oraciones por tus hijos, considera hacerlo en voz alta, como hicieron los padres del Antiguo Testamento. Cuando escuchan a sus padres proclamar las bendiciones de Dios sobre sus vidas, la fe de los hijos se fortalece, recuerdan su verdadera identidad en Dios, y se refuerza el gran amor de sus padres y de su Padre celestial.

Seguridad de salvación. Señor, guía a mis hijos a confiar solo en el sacrificio de Jesús por su salvación eterna. Dales la seguridad de que su alma está a salvo en tus manos (Jn. 3:16; 10:28-29; 1 Jn. 5:13).

30. Usado con permiso del autor. Publicado por NavPress © 2005.

Intimidad con Dios. Acerca mis hijos para que tengan un encuentro cara a cara contigo; que puedan gustar tu bondad y anhelar más de ti (Éx. 33:11; Sal. 27:8; 34:8; 42:1–2).

Bendiciones espirituales. Padre, recuerda a mis hijos que tú los has adoptado en amor. Permíteles experimentar todas las bendiciones espirituales que tienen en Jesucristo, especialmente tu amor sin medida. Que puedan actuar, hablar y pensar como corresponde a hijos de Dios (Ef. 1:3-14; 3:17-19; 5:8-10).

Confianza en la oración. Que mis hijos tengan la seguridad de que tú oyes sus oraciones y que siempre respondes como un Padre que cuida de ellos aún cuando no reciben lo que quieren (1 Jn. 5:14-15; Mt. 7:7-11).

Arrepentimiento. Cuando mis hijos pequen, guíalos pronto a confesar y arrepentirse para que puedan gozar de una conciencia limpia y restaurar su comunión contigo (Sal. 32:1-2; 1 Jn. 1:5-9).

Santificación. Transforma a mis hijos en la semejanza de Cristo. Usa todas las circunstancias que en tu perfecta sabiduría consideres necesario para producir una cosecha de justicia y paz en sus vidas (2 Co. 3:18; Stg. 1:2-4; He. 12:5-11).

Esperanza y descanso. Reviste a mis hijos de esperanza y reposo cuando confían a ti su valor personal, sus relaciones, sus labores y _____ (otras inquietudes). Que puedan ser llenos de tu paz (Jer. 29:11; Mt. 28-30; Ro. 15:13, Fil. 4:6-7).

Consuelo. En cada dificultad, que tu Espíritu traiga consuelo palpable a mis hijos para que sepan que no están solos. En este momento necesitan tu consuelo para enfrentar _____ (ora por dificultades o pérdidas específicas) (Mt. 5:4; Jn. 14:16-18).

Libertad. Guía a mis hijos a la verdad para que puedan gozar de verdadera libertad (Jn. 8:31-32, 36).

Amistades. Provee para mis hijos amigos que los apoyen y sean veraces. Guárdalos de relaciones que los aparten de ti (Ec. 4:9-12; Pr. 27:5-6; 1 Co. 15:33).

Padres eficaces. Ayúdanos a ser la influencia que nuestros hijos necesitan en cada etapa de su crecimiento. Que estemos siempre dispuestos a escuchar todo lo que ellos quieran comunicarnos (Pr. 20:7; Ef. 6:4).

Matrimonio e hijos. Si es tu voluntad que mis hijos se casen y tengan hijos, guíalos a encontrar cónyuges piadosos con quienes disfruten de relaciones exitosas. Que puedan transmitir un legado de bendición a las futuras generaciones. Que aquellos que permanezcan solteros experimenten el gozo de vivir con una devoción completa a ti (Sal. 127:3-5; 128:1-4; 1 Co. 7:32-35).

Una iglesia sana. Provee a mis hijos una familia espiritual en una iglesia unida, que ore y enseñe la Biblia y que los integre a la comunidad, les dé hambre por tu Palabra y los haga participar en tu obra; bendícelos con líderes espirituales que sean humildes y dignos de confianza (Hch. 2:42; 4:32-35; Ef. 4:15-16; 1 Ti. 3:1-13).

El Espíritu Santo. Llena a mis hijos de tu Espíritu Santo. Muéstrales cómo ejercitar sus dones espirituales y capacítalos para llevar todo el fruto del Espíritu: amor, alegría, paz, paciencia, amabilidad, bondad, fidelidad, humildad y dominio propio (Ef. 5:18; 1 Co. 12:4-28; Gá. 5:22-23).

Influencia. Señor, que mis hijos atraigan a muchos hacia ti mediante su influencia en el mundo con verdad y justicia (Mt. 5:13-16; Mr. 1:17; 2 Co. 2:15-16).

Éxito. Que al estudiar y poner en práctica tu Palabra, mis hijos lleven mucho fruto eterno. Concédeles el éxito en _____ (logros específicos que glorifiquen a Dios) (Jos. 1:7-8; Jn. 15:8; Stg. 1:25).

Sabiduría. Bendice a mis hijos con sabiduría y dales un hambre constante por más. Llénalos del conocimiento de tu Palabra y de tu voluntad. Concédeles un temor de ti que produzca vida, porque allí comienza la sabiduría (Pr. 3:13; Stg. 1:5; Col. 1:9; Pr. 9:10).

Dirección. Por el poder del Espíritu Santo, guía a mis hijos por caminos de justicia. Específicamente, guíalos en _____ (circunstancias actuales que tus hijos enfrentan) (Pr. 3:5-6; Jn. 16:13).

Protección. Mantén a mis hijos físicamente seguros y saludables, y guárdalos del mal. Ayúdales a resistir _____ (tentaciones específicas presentes o futuras) (Stg. 5:14-16; Jn. 17:15; 2 Ts. 3:3; 1 Co. 10:13).

Provisión. Suple las necesidades terrenales de mis hijos. En este momento necesitan _____ (Mt. 6:11, 25-33; Fil. 4:19).

Eternidad. Trae a la memoria de mis hijos las recompensas eternas que has prometido. Que esta perspectiva los motive a acumular tesoros en los cielos. Que puedan buscar primero tu reino y tu jus-

....

ticia viviendo con integridad e invirtiendo con generosidad en las vidas de las personas (1 Co. 3:12-14; 2 Co. 5:1, 10; Jn. 14:2-3; Mt. 6:19-21, 33).

Lo que escapa a mi imaginación. Padre, te pido que en tu gracia colmes a mis hijos de bendiciones que van más allá de mis sueños. Que tu amor fluya en abundancia en sus vidas (Ef. 3:17-20).

AGRADECIMIENTOS DE
Jill

*E*stoy agradecida por una coautora que tiene ideas afines y a quien también le apasiona la defensa de los hijos. ¡Ha sido un gozo trabajar contigo, Kathy! Es obvio que ningún libro se escribe con una o dos personas. Es una culminación de años de conversaciones con amigos, familiares y otras madres en las trincheras. A la luz de lo anterior, quiero expresar mi gratitud a:

Cada madre que me ha hecho partícipe de su historia, sus frustraciones, sus dichas y sus descubrimientos. Cada historia ha contribuido a desarrollar el mensaje de este libro.

Las bellas personas que conforman el equipo de liderazgo de Hearts at Home. Es un gozo servir junto con un equipo tan maravilloso de hombres y mujeres.

Mis lectoras que revisaron el libro antes de su publicación y que me brindaron sus valiosos comentarios: Megan, Laury y Nancy. Su disposición a ofrecer sus comentarios nos ayudó a escribir un mejor libro. Un agradecimiento especial a Sandra Bishop de MacGregor

Literary, quien no solo ofrece una gran crítica ¡sino que es una de las mejores agentes literarias!

Mi equipo de oración: ¡gracias por permanecer en la brecha por mí! Su tiempo de rodillas es un aporte más importante para este libro que cualquier palabra que yo escriba.

El equipo de Moody Publishers: ¡gracias por creer en el mensaje de este libro! ¡Nos encanta trabajar con ustedes!

Anne, Evan, Erica, Kolya y Austin: gracias por permitirme contar sus historias. ¡Ustedes son los mejores niños imperfectos que una madre podría desear! Mi deseo es que sigan siendo perfeccionados por Dios.

Mark: te amo. Gracias por aceptar el proceso de perfeccionamiento en tu vida y en nuestro matrimonio. ¡Gracias por llenar los vacíos en casa mientras yo escribía!

Dios: agradezco tu gracia, tu amor y tu disposición a usar mis imperfecciones para tus propósitos.

AGRADECIMIENTOS DE
Kathy

*J*ill, gracias por darme el privilegio de trabajar contigo en este libro. Me encantó ver mis ideas cobrar vida con tus ilustraciones. Tus estrategias y las mías han funcionado bien juntas. Sabíamos que así sería dadas nuestras convicciones afines acerca de los hijos. Dios estuvo presente en esta colaboración, y me siento agradecida y privilegiada.

También agradezco al equipo tan talentoso y a mi junta directiva que me apoyan y me fortalecen. Son personas muy talentosas y alegres, y no podría hacer lo que hago sin ellos. Soy una mejor persona gracias a ellos, y mis ideas también son mejores. Los guerreros de oración de mi iglesia y mis amigos que oran también son una bendición para mí.

Estoy agradecida por las miles de personas que me han escuchado hablar y que me han dado su opinión acerca de mis ideas para mejorarlas. Es un honor para mí tener la representación del Ambassadors Speakers Bureau y agradezco su trabajo en nombre mío para que Celebrate Kids, Inc. y yo podamos seguir influyendo en la vida de miles de padres, maestros, voluntarios, niños y demás.

Por supuesto, sin el entusiasmo y la experiencia del equipo de Moody Publishers estas ideas no se habrían convertido en un libro. ¡Estoy muy agradecida por su confianza y colaboración!

Cuán asombroso es Dios y cuán emocionante es que nos llame a ser agentes de transformación para su gloria. Doy gracias por su amor incondicional y su sabiduría.

$\mathcal{N}ota$ DE LAS AUTORAS

$\mathcal{Q}$ueridos lectores,
¡Nos encantaría escuchar acerca de cómo este libro los ha animado! ¡Es muy fácil encontrarnos en línea!

Jill Savage

Email:	jillannsavage@yahoo.com
Sitio web:	www.HeartsatHome.com
Blog:	www.JillSavage.org
Vídeo:	www.youtube.com/jillannsavage
Facebook:	www.facebook.com/jillsavage.author
	www.facebook.com/heartsathome
Twitter:	@jillsavage @hearts_at_home

Kathy Koch, Ph.D

Email:	nomoreperfect@CelebrateKids.com
Sitio web:	www.CelebrateKids.com
Blog:	www.DrKathyKoch.org
Vídeo:	www.vimeo.com/channels/kathyisms
Facebook:	www.facebook.com/celebratekidsinc
Twitter:	@DrKathyKoch

No olviden entrar a www.NoMorePerfect.com, donde encontrarán recursos adicionales que les servirán de aliento y capacitación para dirigir, si lo desean, un estudio del libro (solo disponibles en inglés).

Sus compañeras de viaje,
Jill y Kathy

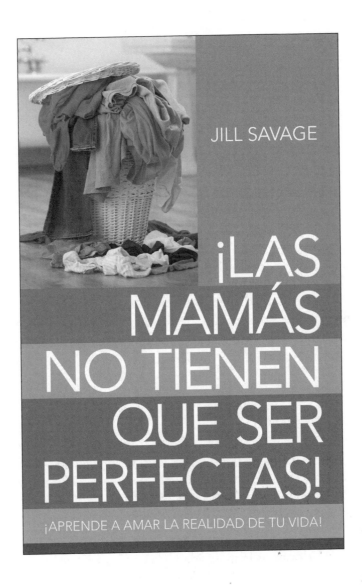

JILL SAVAGE

¡LAS MAMÁS NO TIENEN QUE SER PERFECTAS!

¡APRENDE A AMAR LA REALIDAD DE TU VIDA!

Y tampoco hay niños perfectos, cuerpos perfectos, matrimonios perfectos, ni siquiera comidas perfectas. Con una franqueza refrescante, la autora Jill Savage expone algunos de sus propios defectos como madre a fin de ayudar a las madres en todas partes a dejar de lado sus deseos de ser perfectas y también sus inseguridades de pensar que no son tan buenas como las otras mamás. Jill desafía a todas las mamás a cambiar su visión de ser una "madre perfecta" por la hermosa gracia de Dios, para así aprender a amar la realidad de su vida imperfecta.

EDITORIAL PORTAVOZ

NUESTRA VISIÓN

Maximizar el efecto de recursos cristianos de calidad que transforman vidas.

NUESTRA MISIÓN

Desarrollar y distribuir productos de calidad —con integridad y excelencia—, desde una perspectiva bíblica y confiable, que animen a las personas a conocer y servir a Jesucristo.

NUESTROS VALORES

Nuestros valores se encuentran fundamentados en la Biblia, fuente de toda verdad para hoy y para siempre. Nosotros ponemos en práctica estas verdades bíblicas como fundamento para las decisiones, normas y productos de nuestra compañía.

Valoramos la excelencia y la calidad
Valoramos la integridad y la confianza
Valoramos el mérito y la dignidad de los individuos
y las relaciones
Valoramos el servicio
Valoramos la administración de los recursos

Para más información acerca de nuestra editorial y los productos que publicamos visite nuestra página en la red: www.portavoz.com